18歳までに知っておきたい法のはなし

弁護士
神坪浩喜

みらい PUBLISHING

はじめに

　君は、何歳からが「大人」だと思っているだろうか。民法という法律では、これまで成年は20歳と定められていたのだが、それが改正され、令和4年4月から18歳となる。つまり、18歳になれば成人として大人扱いされる。それは、未成年者に与えられていた「未成年者取消権」という法の保護が18歳になくなることをも意味する。

　でも、18歳のころって、多くの人達が、学生で、社会のこともよくわからず、まだまだ子どもではないだろうか。

　悪徳業者は、素直で人のいうことを信じやすいお年寄りや若者をターゲットにする。実際に、これまで「悪徳商法」による被害は、20歳前半の若い人たちが多かった。

　悪徳業者も、これまでは「未成年者取消権」という武器が怖くて、20歳未満の未成年者には手を出さないようにしていた。ところが、18歳で成人となり、「未成年者取消権」が使えないとなれば、きっと18歳や19歳の若者をターゲットとして狙ってくるだろう。

　そこで、18歳になる前に、自分自身の頭で物事を考え、自分自身で身を守ることができるようにしておくことが必要だ。

悪徳業者対策だけではなく、いろいろな人がいる社会の中で自分自身の身を守るためには、法についての基本的な知識、そして「自分の頭で考える姿勢」を身につける必要がある。

学校では、善良で優しい子でありなさいと言われてきただろう。それはもちろん大切なことだ。

でも、善良なだけでは、この社会の中を幸せに生きていくことはできない。

私は、弁護士として、人と人との間のトラブルに関与してきたが、この仕事をしていると、人の言うことを信じやすい善良な人ほど、「疑う」ということをしなかったがために、悪い人に騙されたり、トラブルに巻き込まれてきた例も多く見てきた。

学校では「世の中には、騙してお金をとろうとする悪い人もいるから、疑うことが大切だよ」とは、なかなか教えてくれないだろう。

しかし、現実の社会では、悪徳業者や詐欺師のように人を騙してお金儲けをしようとする悪い人もいる。悪徳業者は、人の言うことを簡単に信じてしまう人を特に狙う。

人の言うことをそのまま信じるということは、一見よいこと、美しいことのように思えるが、うのみにしてしまうと、自分の大切な財産や友人を失うことにもなりかねない。

この社会の中で、自分の身を守り、幸せに生きるためには、人の話をうのみにすることなく「**自分の頭で考えて判断すること**」が必要だ。

誰か偉い人がそう言っているから、みんながそう言っているから、友だちがそう言っているから……とすぐにうのみにして信じるのではなく、心のどこかで「本当だろうか」と疑いながら話をきく、そして検討する姿勢が大切だ。

他方で、自分とは考え方が違う人、嫌いな人であっても、その話を「違う」と排斥するのではなくて、「そうかもしれない」と受け止めて考える姿勢も大切になる。

ネットにおける攻撃的な書き込みを見ていると、社会全体の中に、自分と立場が同じ人や好きな人の言葉はうのみにして、吟味することなく同調し、逆に、立場が異なる人の意見については、聞く耳をもたずに排斥する不寛容な傾向があると感じる。

しかし、立場が違う人の意見について、なんでもかんでも疑って受け入れない、周りの人はすべて悪人だと思うという考え方は、孤立してしまうし、自分の中によい情報も取り入れることができず、それはそれで問題だ。

要するに、誰かの意見は、一つの意見として「そうかもしれないけれど、そうでないかもしれない」と受け止めて、参考にするのだ。そして、本を読んで調べたり、裏付けとなる証拠を確認したり、他の人の意見も聞いて、よいと思う判断をしていく。

そのような「安易に信じないけれど、排斥もしないで検討する」という姿勢が大切なんだ。

この姿勢があると、一見親切に声をかけてくれた悪徳業者の「必ず儲けますよ」という話も「本当にそうかな?」と検討して、断ることもできるはずだ。

そして、自分とは立場が異なる人の意見であっても、排斥することなく、自分の判断の際の参考として取り入れて、よりよい判断をすることができるだろう。

とはいえ、このように「情報を参考にはするが、うのみにすることなく吟味して、自分の頭で考える」ということは、なかなか難しいことだ。しんどいことでもある。誰かの言うことを、うのみにしてそのまま信じ、立場が違う人の意見は無視していれば、考えずにすんで楽だからね。

でも、その先にあるのは、誰かにいいように操られ、他者と協調できない不寛容な人生だ。決して、人として幸せな生き方とは言えない。

そこで、「自分の頭で考える」ために、一定の知識や考え方といった能力を身に付ける必要があるのだ。

この本は、18歳になる前、社会に出る前の若者に向けて、「法的なものの見方や考え方」「健全に疑う力・吟味する力」「自分の頭で考える力」を身に付けてもらい、これから漕ぎ出す社会の荒波を乗り越えてほしいと願って書いたものだ。

法といっても難しく考える必要はない。条文を覚える必要もない。法は専門家だけのものでもない。

法のちょっとした知識や考え方を知っておくだけで、多面的に物事を見ることができるようになり、トラブルを防止し、解決ができ、幸せに生きやすくなるはずだ。

この本を読み進めることで、「他者と共生しながら自分らしく生きるためのヒント」、「情報を吟味して、自分の頭で考えるコツ」が得られるだろう。

さあ、法について、一緒に楽しく学んでいこう！

弁護士　神坪浩喜

第4章 大人になる前に知っておきたい契約・損害賠償のこと ～契約、市民生活に関する法

第1章

そもそも法って何？

～いろいろな人がいる社会の中で幸せに生きる仕組み

社会というのは、人と人とのつながりのことだ。

今、君が生きている空間のことだ。

君は、社会の中に生きている。

生まれたときから、

権利の主体として法の保護を受けている。

1　法と幸せ

「法」って聞くと、君は何をイメージするだろうか。難しいもの、とっつきにくいもの、縛りつけるもの……。どちらかというとネガティブなイメージを持つかも知れないね。

大学の文系学部には、文学部、経済学部等と並んで法学部がある。法学部では、その名のとおり、法を学ぶ。大学に法学部というものがあるのは、法を学ぶことが、社会で生きていく上で、役に立つからなのだろうけれど、なぜ法のことを学ぶと役に立つのだろう。

法学部を卒業して、どのような職業につくかといえば、思いつくのは、弁護士や裁判官、検察官といった仕事（法曹とよばれる）かもしれないけれど、法曹になるのは、法学部をでた人のごく一部の人で、多くの卒業生は、民間企業に就職したり、公務員になったりしている。

弁護士や裁判官にならなくても、大学で法を学ぶことは、とても役に立つ。そして、大学の法学部に行かない人にとっても、ちょっとした法の基本的な考え方を知るだけでも、社会で生きる上でずいぶんと生きやすくなるのではないかと思う。

さらにいうと大学だけではなく、高校生や中学生、さらにさかのぼって小学生のうちから、法の基本的な考え方に触れておくといい。

君は気づいていないかも知れないけれど、私たちは、法が張り巡らされた社会の中で生きている。日々の暮らしの中で、あまり意識することはないけれど、法に基づいて暮らしている。

例えば、君が持っているそのシャープペンシルは、文房具屋やコンビニで買ったものだろう。君はそのシャープペンシルが欲しいと思って、棚から手にとり、レジに向かう。そこで、お金を払って、シャープペンシルを買うわけだ。それを売買契約という。契約というのは、法律で保護される特別な約束で、その約束を破ると、ペナルティを受けることになる。

君がお金を払うのが惜しくて、お金を払わずに、お店を出ることは許されない。窃盗罪という犯罪になるし、お店は君に対して、代金を払え、あるいはそのシャープペンシルを返せと要求する権利を持ち、君に請求をするだろう。

「物を買ったらお金を払わなくてはならない」というのは、民法という法律で決められているし、お金を払わずにお店のものを勝手に持ち出せば、「窃盗罪」という犯罪になって、処罰の対象になるということは、刑法という法律で決められている。

今、君が着ている服も持っているカバンも、買ったり、もらったりして手に入れたものだろう。学校に通うときも、電車やバスに乗れば、その運賃を支払っている。

コンビニでアルバイトをするならば、店主さんとの間で、時給９００円で、午後５時から午後11時までの勤務といった約束を交わすだろう。

自転車に乗っているならば、二人乗りをしてはいけない、夜に無灯火で走ってはいけないといった法律を守らなければならない。

この社会に、目に見えない蜘蛛の巣のように張り巡らされた法のことを学ぶことは、社会のことを学ぶことになる。

社会というのは、人と人とのつながりのことだ。今、君が生きている空間のことだ。君は、社会の中に生きている。生まれたときから、権利の主体として法の保護を受けている。

大人になって、働きだして「社会人」というけれど、子どもであっても、働いていなくても、人と人とのつながりの中、つまり社会の中に生きていることに変わりはない。

この社会で、誰ともつながらずに、誰とも関係を持たずに、一人で生きていくことはできない。

法というものは、人と人とのつながりを決めている。売る人、買う人というような一対一の関係だけではなく、複数の人や集団についてのきまり、会社や国家のきまりというもののもあるが、すべては人と人とのつながりに行きつく。

漁に出ていた漁師が嵐にあって、無人島に流れ着いた。幸いその無人島には、木の実や果物の食料があり、魚もとることができた。漁師は、一人で自由に暮らしていた。そのまま無人島に一人きりだったら、法は登場しない。

ところが、ある日、その島に木こりの男が流れ着いた。漁師は、話し相手ができてよかったと喜んでいたが、その男が、島の木の実や果物を好き勝手にとって食べるようになって、一人でいたときのように自由に食べることができなくなった。

ある日、漁師は我慢できずに木こりに言った。「おい、それは俺のものだ！」すると木こりは「いいだろう。早いもの勝ちだ！」と言い返した。漁師と木こりは、食べ物をめぐって喧嘩となった。

そのときどうする？　腕力で相手を黙らせる？　それとも追っ払う？

いやいや、そんな野蛮なやり方ではなくて、話し合いによって、二人ともその島で幸せに生きることはできないだろうか。二人で分けるとか、果物の木を育てるとか、木こりの男が家をつくるかわりに、果物をあげるとか、いろいろ決め方はあるだろう。

ここに社会が生まれる。人と人とのつながりをきまり＝法によって、よいものにする必要が生じるのだ。

そう、法というものは、人と人とのつながりをよいものにするために必要なものなんだ。

よいものというのは、それぞれの人が、安心して、幸せに暮らしていけるということだ。人は人とのつながりの中で生きていく。そしてその「つながり」をよいものにしようとするのが法だ。

ここで、君に伝えたい事実がある。言われたら、当たり前のことだけど、社会で生きる上では、とても重要な真実だ。

それは、**どんな人も同じではない**ということだ。

この世に、君は君だけしかいない。君以外に、同じ人はいない。君と似たような人はいるかも知れないが、君という人は、君だけなんだ。

同じように、君のお父さんもお母さんも、友達の誰もが、同じ人はいない。

誰もが自分と違う人の間で生きているということだ。社会には、いろいろな人がいて、誰一人同じ人はいないということだ。何が好きなのか、嫌いなのか、何を大切にしているのか、何が得意なのかみんな違う。君は、そんなこと当たり前じゃないかと思うかも知れないけれど、人と人とのつながりを考える上で、とても大切なことなんだ。

いろいろな人がいる。そして、人それぞれにいろいろな考え方がある。君は「**多様性**」という言葉を聞いたことがあるだろうか。

これからの時代、多様性を尊重するということは、ますます重要な考え方になるだろう。

多様性を尊重するというのは、一人ひとりの生き方や個性を尊重するということだ。自分の考えを押しつけたり、相手を気に入らないからといって攻撃したり排除したりしないで、相手の考え方や生き方を尊重するということだ。

いろいろな人がいて、いろいろな考えがある。そして無人島の例のように資源が限られていることもある。このときに放置しておけば、喧嘩となって力が強いものが弱いものを虐げ、排除するということになるだろう。

他方で、漁師と木こりが話しあって、ルールを決めて、協力し合えば、二人とも豊かに幸せに暮らせるだろう。漁師は魚をとって、木こりは木をきって、交換すればお互いに幸せに豊かになる。

法を学ぶということは、人が、いろいろな人がいる社会の中で幸せに生きていくためには、どうすればいいのかを学ぶことだ。

人との関係で、トラブルが発生したら、どう解決していけばいいのか?

トラブルを予防するために、予めどのようなルールを決めていけばいいのか?

団体の中で、意思決定を決めるルールをどのように定めておくのがいいのか?

団体の中で、ルールを守らない人には、どのような手続きで、どのような処分をすればいいいのか？

どうだろう？　法を学ぶということが、社会で幸せに生きる上で役に立ちそうな気がしてきたかな。

2　ルールはなぜ必要？　～ルールや決まりがない世界を想像してみよう

学校の校則違反で先生に叱られたりすると、きまりやルールは、自分の自由を奪っているような気がして、「ルールなんてないほうが自由でいいのに」と思うことがないだろうか。

でも、ルールがなかったらどうなるだろう？


〈ルールがない世界を想像してみよう〉

・もしも、交通ルールがなかったら？
きっと、交通事故が多発するだろう。スピードを出す車や、自分が優先だと思って、一時停止せずに交差点に侵入する車がいて、ほぼ間違いなく交通事故が多発するだろう。お互いに自分の優先を主張して、相手を責めて、街中のあちらこちらで、喧嘩が起きるだろう。想像するだけでも怖い。とても安心して、外を歩けない世界になってしまう。

・もしも、税金をとる法律がなかったら？

税金は取られたくないのが人情だ。税金を払わなければならないという法律がなかったら、ほとんど税金はとれないだろう。

こうして、みんなが税金を払わなかったらどうなるだろうか。

警察も消防も、道路も病院も学校もできないだろう。

それは、困るよね……。

だからルール、法は必要だ。ルールや法があることで、安全や秩序が保たれて安心して暮らせる。取引ができる。商売ができる。

3　よいルールの条件とは？

でも、どんなルールや法でもいいわけではない。悪いルールは、逆に人々を不幸にする。例えばこんな法だったら困るだろう。どこがおかしいのだろうか？

1　王様の悪口を言った者は、刑務所に入れる。
2　キリスト教を信じてはならない。キリスト教を信じた者は、刑務所に入れる。
3　選挙権は、20歳以上の男性に与えられ、女性には与えられない。
4　人に迷惑をかけた者は、刑務所に入れる。
5　国民一人ひとりの職業は、国が決める。
6　人の物を盗んだら、死刑にする。

ルールや法は、いろいろな人がいる社会で、みんなが幸せに生きるために必要なものだった。でもこんな法律は、国民を不幸にしそうだよね。

よいルール、法とは

①目的が正しいこと
②手段が相当であること
③内容が明確であること
④公平であること

が必要だ。まず①の**法の目的が正しい**とは、その法を作ることによって、人々が社会で生きる上で、幸せになることだ。例えば、交通ルールは、交通事故を防止し、人々が怪我をしないようにするためだ。

1の「王様の悪口を言った者は、刑務所に入れる」というのは、王様が、悪口を言われたくないので、国民に悪口を言わせないという目的でつくった法律で、目的自体がオカシイよね。

法律には、それを定めた「**目的**」が必ずある。交通ルールを定めた道路交通法という法律は、交通安全・交通事故防止のためにある。

次に②の**手段が相当である**というのは、規制の方法が、法やルールを決めた目的を実現するために、合理的でつながっているということだ。

そのルールをつくることによって、目的が達成されるというように、目的と手段がつながっている必要がある。

交通ルールで、「赤信号では停止する」という規制は、事故防止につながっている。

5の「国民一人ひとりの職業は、国が決める」というのは、この法律の目的が、人は自分の適性にあった仕事につくことが幸せだろうということで、国民の幸せを実現するためにつくったものだったとしても、手段としては、つながっておらずダメだ。国が一方的に職業を決めることは、国民にとって幸せにつながるものではないからだ。自分の仕事は、自分で決めたいよね。

③の**内容が明確であること**も必要だ。ルールの内容が明確でないと、どんなことをしたらルール違反なのかがわからなくて怖いだろう。この点で4の「人に迷惑をかけたら刑務所に入れる」という法律は、「人に迷惑」というのが、漠然とし過ぎていてダメだ。

ルールは、「○○をしてはダメだけど、○○以外なら自由だ」という自由の範囲を決める役割もある。ルールの内容が明確でないと、自由の範囲がどこまでかわからず、人々はビクビク暮らすことになる。

そして、規制が厳しすぎないことだ。もし、規制が厳しすぎる、ちょっとしたことでも重い罰となると怖い。6の「人の物を盗んだら、死刑にする」というのは、厳しすぎる。確かに、窃盗犯は減るだろうが、窃盗で死刑となってしまうのは、多くの人が処刑される世の中となって、怖い社会になる。

④の**公平であること**も必要だ。一部の人だけ優遇されたり、一部の人だけ差別されたりするのはおかしい。この点で、2と3のルールは、キリスト教を信じる人や女性を差別していておかしい。

一度決めたルールであっても、おかしいルールはいいルールになるように変えることができるし、変える必要がある。

4　正義って何？

法の目的は、「正義」だ。君は、「正義」という言葉から何を思い浮かべるだろうか。仮面ライダーや戦隊ヒーロー、警察官かな。おそらく悪い奴をやっつける、悪を正すというイメージだろう。

確かに、悪いこと、罪を犯した人が、逮捕され、法の裁きをうけ処罰されることで「正義は実現された」と感じるだろう。逆に、犯罪者が、何ら処罰されずに、被害者だけが悲しんでいる様子を見ると、「正義はどこへいった！」と憤りを感じるだろう。

法は、実際におきた事件に適用し、その事件の実状に応じた適正な結果、多くの人が納得できるような結果を目指すものだ。

正義とは、絶対的にあるものというより、具体的な事件において、多くの人たちが納得できるような結果、公正で妥当性のある結果が実現されたときに「正義が実現された」と感じるものだ。

そこで、「この事案で、公正で妥当な結果とは何だろう」と考え続ける姿勢が大切だ。

古代ギリシャの哲学者、アリストテレスは、正義について、**配分的正義**《はいぶんてきせいぎ》、**矯正的正義**《きょうせいてきせいぎ》、**手続的正義**《てつづきてきせいぎ》の3つをあげている。

（1）**配分的正義**とは、利益や負担が、各人の違いに応じて比例的に分配されるべきだとする正義だ。「公平にわける」ということだ。

分けるのは、多くの人が欲しがる利益や財（例えばお金）や、多くの人が嫌がる負担（例えば、税金）だ。

利益はできる限り欲しいいし、負担はできる限り少ない方がいいと多くの人は思っている。そこで、利益をどう分けるか、負担をどう分担するかで、人はよくもめる（例えば、相続争い）。

利益や負担を公平に分けるにはどうすればよいか。

単純に頭割りでいいという訳ではない。人それぞれ、好みも違うし、能力や貢献度、必要性に違いがある。形式的に分けると逆に不公平になる。公平に分けるためには、それぞれの人の具体的な事情（必要性や能力、功績の違い）に応じた分配を考える必要があるんだ。

日常生活で、何か限られた物を分けるという場面に出くわすことはよくある。みんなが欲しい物を分ける場合、自分の分だけ、少なかったりしたら「不公平だ！」と感じるだろう。

逆に、例えば、掃除当番や会費等、誰かが負担しなければならないものだけど、できれば自分は負担したくないと思う負担をどう分担するかという問題もある。このときに、自分ばかり負担を強いられたら、やはり「なんで僕ばかり！　不公平だ！」と思うだろう。公平、不公平って、どう考えればいいのだろう。次の事例を通して考えてみよう。

「ケーキの分け方」

サトシ、タケシ、ヒカリが、丸いケーキを、どのように分けるのか話しあっている。ケーキはおいしそうなイチゴのデコレーションケーキ。チョコレートのプレートや家、うさぎの砂糖菓子ものっている。

どう分けるのが「公平」だろうか？　単に3等分にすればいいのだろうか。でも、どうだろう。3人のうちの誰かがこんなことを言い出したら……分け方、変わってこないだろうか？

① 年齢、体の大きさ

タケシ「3人の中で、僕が10歳で、一番年長だ。サトシが9歳、ヒカリは8歳、年齢に応じて、僕、サトシ、ヒカリの順に大きさを変えていくべきだ。」
ヒカリ「え〜！　年上の人は、年下の人に優しくすべきよ。年下の私が、ケーキ大好きなんだから私に多く分けてよ‼」
サトシ「俺は、タケシより年下だけど、体はタケシより大きいぜ。体の大きい順に分けた方が公平ってもんじゃないか？」
ん〜。どう分けようか？

②お金を出した額

このまるいケーキは1200円のケーキでした。
サトシ「このケーキ、俺が600円を出して、タケシとヒカリは300円ずつ出して買ったんだよね。お金を出した割合に応じて、俺が2分の1、タケシとヒカリは4分の1ずつにしよう」

ヒカリ「でも、サトシってお小遣い、私やタケシよりたくさんもらっているんじゃない？　サトシにはお金がたくさんあるんだから、たくさん出してもいいじゃない。ケーキはやっぱり3等分よ！」

タケシ「お金を出した金額って関係あるのかなあ？」

さあ、君なら、どう分けるかな？

③ケーキへの愛着、お腹の空き具合

ヒカリ「私、ケーキって大好き！　その中でもイチゴのケーキは最高‼　サトシ、タケシは、私ほど好きじゃないでしょ。譲りなさいよ」

サトシ「俺だってケーキ好きだよ。それに、たくさん外で遊んでお腹ペコペコでたおれそうなんだ。そんなかわいそうな俺に、多くくれてもいいじゃないか」

タケシ「僕だって、ケーキは大好きだ。ところで、ヒカリは、ダイエット中じゃなかったか？」

ヒカリ「関係ないでしょ‼」

さあ、どう分ける？

④テストの点数

ヒカリ「算数テストの点数がよかった方が、たくさんもらえるっていうのはどう？　実力主義よ。私は、85点だったわ」
サトシ「テストの点数だって！　俺は43点だったよ。ト・ホ・ホ。それはないよ～」
タケシ「僕は、76点だったけど。でもテストの点数って関係ないような気がするけど」

どうする？

他に、サトシの誕生日で、誕生日ケーキとして買ったものだったらどうだろう？　ヒカリが3人を代表してお店にケーキを買いにいった場合はどうだろうか？　あるいは、タケシは、あまりケーキに執着しない人だったらどうだろうか？

実際には、いろいろな事情があったりする。単純に3等分がいいとは言い切れない場合もあるだろう。単純に3等分すると、かえって不公平な場合もあるかもしれない。

あるものをどう分けるのが公平なのかということは、様々な個別具体的事情を考慮しなければ判断できないこともあるのだ。

個別具体的な事情の中には、ケーキを分ける際に考慮すべき事情と考慮すべきでない事情があり、考慮すべき事情の中には、十分考慮すべき事情とそれほど考慮しなくてもいい事情とに分けられる。

この例で、年齢は、公平の観点から見れば考慮すべき事情にはならない。またお腹が空いている、ケーキが大好きだという主観的事情も、第三者的に見れば、考慮しても副次的な事情だが、主張すれば、相手が考慮してくれることは日常的には多かったりするだろう。

公平の観点からすると、3等分を原則として、ケーキへの貢献度、誰が多くお金を出したかということは、考慮することが公平にかなうと一般的にはいえる。

サトシが、たくさんお金を出したのなら、サトシがその分ケーキをたくさん獲得できるというのは合理的な考え方だ。しかし、ヒカリが言ったように、富める者がたくさん負担する（でも享受する利益は同じ）という観点から、考慮しないということもある。

テストの成績というのは、ケーキへの貢献に直結しないので、事後的にテストの点数で決めるというのは、合理性はない。もっとも、テストの平均点が高いと先生からケーキがもらえるという事情があって獲得したケーキならば、テストの点数が高い人は、ケーキの獲得により貢献したことになるから、考慮事情になってくる。

当事者の立場に立って、よりケーキを獲得するためには**ケーキへの貢献度や必要性**を軸にして、他の人へ伝えて理解を求めることになるだろう。

ケーキの貢献度というのは、ケーキを買うお金をたくさん出した、ケーキを買いにいったという事情。ケーキの必要性は、お腹が空いているといった事情。

だから、多くケーキをもらえないだろうかと他の人達に主張するわけだ。そして、お互いにいろいろと話し合ってみると解決案が見えてくることもある。

例えば、ヒカリは、イチゴが大好きなので、イチゴがたくさんのっている部分をもらうかわりに、ケーキ自体は減らして、タケシのケーキの割合をふやしたりすることもできたりする。チョコの家やプレートで調整できるかも知れないね。

また、今回は、お腹ペコペコで倒れそうなサトシに多くあげて、次回のケーキを分ける際に、サトシの分を少なくするといった案もあるだろう。

どうだろう。「公平に分ける」という感覚をつかんだだろうか。

原則は、人数割りで分けていくものだが、実際には、人それぞれに具体的事情があり、それを考慮する必要があること、分ける際の考慮事情としては、分ける対象への貢献度や分ける対象への必要性を考慮していくことだ。

そして、大切なことは、公平な分配に関係する事情を中心に、自らの具体的事情と希望を相手に説明し、他方で、相手の事情や希望もよく聞いて、話し合うことだ。そうすると、お互いに納得できるいい解決案が見つかることもあるからね。

（2）**矯正的正義**とは、間違いや不正を正すためにどういう結論をとるのが妥当かという観点からの正義だ。

罪を犯した人に、法の裁きを受けさせ、処罰するというのは、矯正的正義の実現だ。また、自分の物を壊されたなら、その弁償をしてもらうというのもこの正義の実現にあたる。

やったことの責任をとってもらうことだ。

しかし、ちょっとした罪で死刑にするように、行き過ぎた罰や損害賠償は、妥当な結論ではない。やったことや発生した損害をふまえて、バランスがとれた妥当な結論になるようにする必要がある。

そこで、ここでは、間違いや不正に対して、どういう罰を与えるのが妥当か、発生させた損害についてどれだけ賠償をさせるのが妥当かを考えるのが、矯正的正義について考えることなる。

考えてみよう！　AとB、どちらの人の罪が重いだろうか？

1）Aは、時計店で10万円の高級時計を万引きした。
Bは、コンビニで100円のプリンを万引きした。

2）Aは、Cにナイフを突きつけて、2万円入った財布を奪いとった。
Bは、Dの背広のポケットから、2万円入った財布をすりとった。

3）Aは、むしゃくしゃしていたので、通りすがりに見ず知らずのEを殴りつけて、全治1か月の怪我をおわせた。
Bは、Fから日頃、酷いいじめをうけていて、その日もFからいじめられそうになったので、Fに体当たりをしてFを転倒させ、Fに全治1か月の怪我をおわせた。

どうだろう。AとBを同じ罪にするのはしっくりいかないだろう。それはどうしてだろうか。考えてみると損害の大きさ、行為態様、犯行にいたる事情によって、罪の重さを変えた方がしっくりくることがわかるだろう。

配分的正義も矯正的正義も、どのような具体的事情をとらえ、それをどのように評価して、公正で妥当な結論を出すかが問われている。

（3）手続的正義

手続的正義とは、手続自体が公正であること、言い分をしっかり聞いた上で、結論が出されることだ。

配分的正義や矯正的正義が、結論の正しさを求めるものに対し、手続的正義は、手続自体が正しいことを求める。人々の納得感、特に、不利益負担を課せられる側にとって、重要な考え方だ。

手続的正義の大切さは、第三章の刑事手続のところで詳しく触れる。

■コラム■

桃太郎は正義の味方か？

昔話の桃太郎。桃太郎が、村で悪さをした鬼を、猿、犬、きじと、力をあわせて退治するというおなじみの物語だ。桃太郎たちは、悪い鬼をやっつけるということで、誰もが「正義の味方」だと思う。

しかし、以前、こんな新聞広告があった。

鬼の子どもが涙を流して言う。

「ボクのお父さんは、桃太郎というやつに殺されました」と。

人間にとってみれば、桃太郎は正義の味方かもしれないけれど、殺された鬼の子どもにしてみれば、桃太郎は父親を殺した悪い奴だ。

桃太郎達は力づくで鬼たちを倒したけれど、鬼側にも何か言い分があったかも知れない。また鬼が悪さをしたのが間違いないとしても、殺すことまで必要だったのかは、かなり疑わしい。

こうして、視点を変えると、「正義」と思いこんでいたものが、そうでないことに気づく。

物事を正しく判断をするためには、視点を固定しないで、柔軟に相手の立場や第三者の立場にたって考えることが必要だ。そして、果たして自分がやっていることは本当に正しいことなのだろうかと常に問いかける必要がある。

第2章

僕たちは憲法の下に生きている

～民主主義、立憲主義って何だろう？

ルールや法律は、一人ひとりの幸せの追求が目的となっている。個人の自由と自由の調整をはかって、一人ひとりが安全に快適に暮らせるようにしていくことを目的にしている。
そしてそのルールや法律は、王様といった特定の人が決めるのではなくて、みんなで話し合って決めるのが望ましい。

1　民主主義と立憲主義のはなし

(1) 民主主義って何?

「民主主義」という言葉を聞いたことがあるだろう。民主主義とは、法やルールの決め方の一つで、みんなで話し合って決めるということだ。日本の法律は、国会で国会議員が話し合って決められる。

ところで、法律には、どんなものがあるか知っている?

君も人の物を盗んだら、警察に捕まって、裁判にかけられて処罰される、刑務所に行くというのは知っているよね。

これは、国の法律で「人の物を盗んだら、10年以下の懲役又は50万円以下の罰金に処する」と定められているからなんだ。刑法のことだね。

刑法は、いろいろな犯罪と刑罰を定めている法律なんだ。人をケガさせたり、人を殺したりすると、刑務所に行くことになるぞ、と決めている。

どうして、こんなきまりがあるのだろう。もし、刑法がないとどうなるだろう。

人をケガさせたり、人の物を盗んだりしても刑務所に行かなくてもよい、処罰されないとしたら、どうなるだろう?

世の中にはいろいろな人がいる。残念ながら、わがままで自分さえよければいい、他人のことを考えない悪い人も中にはいる。人の物を盗むことが悪いとわかっていながら、捕まって罰を受けるとわかっていながら、それでも人の物を盗む人もいる。

そしてもし、刑法がなかったら……。

きっと、今よりもっと人の物を盗んでしまう人が増えるだろう。別に、人の物を盗んでも警察に捕まらないんだし、盗っちゃえ、なんて安易に盗ってしまうかも知れないね。盗まれた人が困るからと思うのではなくて、盗むと警察に捕まるから、自分は盗まないという人もいないとは限らない。

自分の物、特に大切な物を、他人が勝手に持っていくのって嫌だよね。人が盗るなら、じゃあ自分も誰かから、物を盗ってしまおうだなんて考えるようになるかも知れない。そうすると、そこでは盗ったり、盗られたりという世界になって、力の強い悪い奴がたくさん物を盗ったりして、むちゃくちゃな世界になりそうだよね。それは、困る。安心して暮らせない。

そこで、刑法は、みんなが安心して暮らせるようにと、「人に迷惑をかけてしまうことをした人は、これこれの処罰を受ける」例えば「人の物を盗んだ者は、懲役10年以下か50万円以下の罰金に処する」と刑法は定めた。

こういった法律があって、実際に、この法律に違反した人、人の物を盗った人が警察に捕まり処罰されることで、多くの人は、「人の物を盗ると警察に捕まるし、そもそも人としてやってはいけないことだから、盗らないようにしよう」と、人の物が欲しくなっても、盗ったりしないで、自分の行動をコントロールする。これで、人の物を盗る人は、少なくなるだろう。多くの人は、警察に逮捕され、刑務所に行くなんて、嫌だからね。

このように法律というのは、人の自由を制限している。人の物を勝手に盗りたい人にとっては「盗む自由」を制限されているとも言える。これは、盗まれる人のこと、物を持っている人の所有権を保護しようと考えているからなんだ。自由があるといっても、人に迷惑をかけていいわけではない。人に迷惑をかける自由は保護されない。

法律は、個人の自由と自由とがぶつかり合ったとき、調整をしているものと言える。「僕は、大音響でエレキギターを弾きたいんだ」といって、みんなが寝静まった真夜中の住宅街で、大音響でエレキギターを弾いちゃいけないよね。寝ている人の迷惑になる。そんなのダメだよと法律には定めてある。

法律は、人と人との自由や権利を調整して、秩序をたもっているんだね。お互いに安全に、快適に暮らせるようにしている。

では、そんな法律は、どうやって作られるのだろう？　どのように作られるのがいいのだろう？

特定の人、例えば王様や将軍が法律を決めるのってどうだろう？

その王様が、自分のことだけを考える悪い王様だったら、自分が贅沢したいので、税金をたくさんとるという法律を作るかも知れない。また、わがままな王様なら、国民から自分がやっていることを批判されたら嫌だということで、国の政治を批判する人をかたっぱしから刑務所に入れてしまえ！　なんていう法律を作ってしまうかも知れない。

その王様が、いい人で、国民のためを思って法律を作ろうとしたらどうだろう。

でも、いくら立派な王様であっても、王様が、国民それぞれがどんなことを考えているのか、何を望んでいるかはよくわからないだろう。王様が、国民のためによかれと思ってやったことでも、実際には国民にとって迷惑なこともあるだろう。

それに、王様がいい人か悪い人かで物事が変わってしまうのって、人次第ということで、怖いよね。どんな王様になるかで、国民の生活も変わってきてしまう。そしてどんな王様になるかは、運命次第。歴史を勉強してくるとわかるけど、その時の王様や将軍の考え方や好みなんかで、１８０度政治が変わってくることもある。

昔、徳川綱吉という犬好きの将軍様が、「生類憐みの令」という法律を定めて、犬をいじめた人を重く処罰した。動物を大切にするという目的自体は悪くはないけれど、いじめただけでも厳しく処罰するというのはやり過ぎだった。

では、国のきまりは、王様とか特定の人が決めるのではなくて、どのようにして決めるのがいいのだろうか？

ところで、君達が、クラスで、何かを決める時って、みんなどうしている？　例えば、文化祭のクラスの出し物ってどうやって決めている？

クラスの誰か、例えば学級委員とかが、適当に決めている？　そんなことはないよね。みんなで話し合って決めていると思う。みんなでいろいろと意見を出して、ある人の意見をみんながいいと思えばそれに決まる。

もし、みんなでいろいろと話し合っても、意見が分かれることがあれば、どうやって決めている？

じゃんけん？　くじ引き？　それもあるかも知れない。でも、きっと手をあげてもらったり、投票してもらったりして、数が多い方に決めることが多いよね。

要するに多数決で決める。それが、話し合ったことが活かされると思うからだ。いろいろ話し合った後に、くじ引きで決めるなんて、話し合った意味がないよね。

話し合いによって、いろいろな意見が出て、みんなの多くが、それがいいということになるのが、納得いくだろう。たいてい、みんなにとってそれがいい決まりになることが多いだろう。

では、どうして、君達は、みんなで話し合って決めているのかな？

それは、自分たちのことだから。自分たちに関することは、自分たち以外の誰かに決められたくないから。自分がそのグループにいる以上、自分の意見も言えるようにしたいから。自分たちが従わなければならないルールならば、自分の意見も聞いてよと当然思うだろう。自分が知らないところで、勝手に決められたくないだろう。勝手に決められたルールなんて、とルールを守る気にならないかも知れないね。

そして、みんなそんなふうに思っていたら、決めたルールを守らない人が多くなって、ルールが骨抜きになってしまうだろう。

誰だって、自分の全く手の届かないところで決められたルールを押しつけられるのって嫌だよね。納得いかないよね。１組のクラスの文化祭の出し物を２組が決めるなんておかしいよね。

「自分達のことは、自分達で決める」

ルールを作る人達とルールを守る人達が一致していることが大切なんだ。

そして、自分達で決めたルールならば、そのルールを大切にして、守ろうという気になるだろう。

それに、ある人が考えるより、みんなで意見を出し合って、話し合って決めた方が、普通は、みんなにとっていいきまりになることも多いだろう。

君が思いつかないことを別の友達が発言することもあるだろう。友達の発言を聞いていて、君がいいアイデアを思いつくこともあるかも知れない。

だから、みんなで意見を出し合いながら、話し合って決めた方がいいんだね。

国のあり方、法律も同じこと。

- **自分たちのルールは、ルールに従う自分たちで決めるべきということ**
- **みんなで意見を出し合いながら話し合った方が、いいルールができやすいこと**
- **自分たちが決めたルールだからこそ、そのルールを尊重し、守ろうとすること**

だから、「みんなのことは、みんなが話し合って決める」ことにしたんだ。これを「**民主主義**」という。そして、世界の多くの国では、この「民主主義」の考え方を基本にして、国の政治のあり方を決めている。それは、民主主義が、物事を決める上で、現在考え得る最良の決め方として、受けとめられているからだ。

そして、国の政治以外でも、君の普段の生活の中ででも、クラスとかの人の集まりに入っている以上、この民主主義がベースになっていると思う。

（2）民主主義って多数決のこと？

集団がある以上、個人と個人の自由を調整するために、みんなが安心して便利に暮らせるようにルール、法律が決められる必要がある。

そして、そのルールや法律は、王様といった特定の人が決めるのではなくて、みんなで話し合って決める。そのような決め方を「民主主義」という。

ルールや法律は、一人ひとりの幸せの追求が目的となっている。人が集まったときに、必ず起こってくる個人の自由と自由の調整をはかって、一人ひとりが安全に快適に暮らせるようにしていくことを目的にしている。

君は、タバコは吸ってはいないと思うけど、大人の中では、タバコが好きな人とタバコの煙が嫌いな人に分かれている。

タバコの好きな人は、吸いたいときに一服したい。でも、そこにタバコの煙が嫌いな人がいたら、吸ってもらいたくない。煙がきたら、露骨に嫌な顔をする人もいるだろう。

場所によっては、ここは禁煙ですとか、タバコはこの場所で吸ってくださいと喫煙室が設けられていたりするよね。

吸いたい人とタバコの煙が嫌な人との自由が、ここでは禁煙とか、ここでタバコが吸えるのは、この部屋だけというようなきまりで、調整されているんだね。

こんなことから、ルールは必要になってくるのだけれども、それはあくまで、吸いたい人の自由と煙が嫌な人の自由の調整のためなんだ。

では、民主主義の決め方ってどういうことなんだろう？　個人の幸せを意識した決め方ってどうすればいいのだろう？

君は「民主主義＝多数決」って思っているかも知れないね。でも、多数決で決めさえすれば、民主主義と言えるのかな？

個人の幸せにとって多数決にさえしておけば、それがよい決め方といえるのかな？

ある会社で、喫煙グループの人達と嫌煙グループの人達とに分かれた。嫌煙グループが、社内全面禁煙という社内規則を作ろうと言い出し、両グループが話し合うことにした。

ここで、仮に喫煙グループが多数で、俺たちが多数なんだから、煙ぐらいがまんしてよ、といきなり多数決で、「これまでどおり自由にタバコを吸ってもよい」と決めるのはどうだろう？

逆に、嫌煙グループが多数を占めていて、「これから、社内全面禁煙です！　タバコを社内で吸ったら罰金10万円！」という規則を数に任せて決めてしまったらどうだろう？

民主主義のベースには確かに多数決があるけれど、いきなり多数決、安易に多数決というのは本当の民主主義になっていない。

先に、物事の決め方について、王様とか特定の人が決めるのではなくて、どうして民主主義がいいのか3つ理由があった。

もし、民主主義って多数決で決めればいいんでしょ、という感じで、いきなり多数決で決めたりすれば、少数派の存在を無視することになり、「みんなで話し合って決める」いうことにはならないし、みんなで知恵をしぼって話し合えば、本当は多数派にとっても少数派にとってもいい案があるかも知れないのに、いきなり多数決だと出てこない。

そして、少数派にとっては、多数派にむりやり押しつけられた感じがして、「そんなルールなんて、守ってなんかやるものか！」と反発して、決められたルールを無視するかも知れない。

それに、そんな決め方をしていると、そこには人と人との間に信頼関係はなくなって、ギスギスした関係になって、結局、みんなにとって住みにくい居心地が悪い社会になってしまうだろう。

「多数派が少数派を縛る、考えを押しつける」というような感じになってしまうかも知れないね。

それって、王様がルールを決めるのと結局同じことだよね。王様が縛るのではなくて、多数派が少数派を縛る。「安易に多数決」では、少数派の人達にとってみれば、「自分たちのことを自分たちが決める」ことになっていないことになる。

それって、全然民主主義じゃないよね。一人ひとりが幸せになるようにルールを決めていることにはならない。

本当の民主主義と言えるためには、よく話し合うということ、特に多数派の人達は少数派の意見に耳を傾けるということが大切になってくるんだ。

多数派の人達は、少数派の人達のことがよく分からないで、ついつい少数派の人達の意見を「わがままだ」「ひとりよがりだ」なんて考えてしまって、よく意見も聞かずに押しつけてしまいがちになるからね。

安易な多数決は、決して本当の民主主義ではない。

(3) 憲法は国家を縛る ― 立憲主義

集団の中で何かを決める際には、一人の人や特定の団体が権力を握って、物事を決めるのではなくて、みんなでよく話し合って決めた方がいい、「民主主義」がいいということだった。

何のためにいいのか、それは個人の幸せにとっていいという意味だ。

ところで、権力って何だろう？　権力って何のためにあるのだろう。

これは、ルールやきまり、法律が何のためにあるのかとつながっている。権力は、国民にルールやきまり、法律を守ることを求めるからだ。
ルールやきまり、法律の目的は、一人ひとりの安全を守ったり、安心して暮らせるようにということだった。個人の幸せのためだ。

ルールやきまり、法律を強制的に守らせる力、それを「権力」という。人の物を盗まないように、盗んだ人を裁判にかけて、法律に規定した処罰をあたえる。

盗んだ本人が、「そんなの嫌だ！　刑務所なんか行きたくない！」と叫んでも、権力は、むりやり逮捕し、裁判にかけ、刑務所に入れる。

そういった強制力があるからこそ、一人ひとりの安全を守ることができるわけだ。権力は、強制力を背景に、国民に法を守るように求めている。

もし、強制力がなければ、法律には「人の物を盗むのはいけない」と書いていても、盗んだ人を処罰することはできなくて、やはり盗むことが多い世界になるだろう。

頑張って働いてお金をためて、欲しい物をようやく買ったのに、それが盗まれるなんて嫌だよね。がっくりするよね。人は弱いものだから、じゃあ自分も他人の物を盗ってやろうか、自分も盗られたんだしとそんなふうに思うかもしれない。

だから、国家に対して、権力が与えられている。国家は権力を持っている。時に、強制的に国民に何かをさせたり、禁止したりする力がある。国家が、国民を強制的に従わせる力を

「公権力」という。

とても強い、特別な力が国家にはある。

社会の秩序を確保すること、他の人を害することや迷惑になることをやめさせることは必要で、とても大切なことだ。

でも、公権力の使い方が間違っていたり、度が過ぎていたらどうだろう。

権力を実際に使うのは、神様ではなくて、個々の生身の人間だ。総理大臣も、国会議員も、警察官も、裁判官も、税務署の職員も人間だ。

人間である以上、ときに間違ったり、度が過ぎたりしてしまうことってあるかもしれない。完璧な人間なんていない。強力な力を持つ人が、間違っていたり、度が過ぎていたら、どんなことになるだろうか。

そして、強い力だから、間違ったりすると、とても怖いことになってしまう。

警察官が間違って逮捕して、検察官も間違って起訴して、裁判官も間違って有罪判決を下せば、その人は、本当は何も悪いことはしていないのに、強制的に刑務所に入れられることもありうる。

それに権力には、その強大な力とともに加え、独特な性質がある。

まず、権力をもつ人は、自分のやっていることをあれこれ批判されるのは、苦手だ。自分のやっていることは「正義のため」で間違いはないと思いがちになるようだ。できれば、批判されたくない。自分のやっていることに素直に従ってほしいと考える傾向にある。そして、批判する人を排除したくなるようだ。「国の政治を批判してはならない、批判した者は処罰する」

こんな法律ってどう思う？　おかしいよね。

きっと、冷静なときには多くの人がおかしいと思うだろう。でも実際、過去にはこれと同じような法律があった。ヒトラーのナチスドイツもそうだし、かつて戦争につきすすんだ日本でもそんな法律があった。現在でも世界には、同じような法律があり、国民が、国の政治を自由に批判することができない国もある。

権力者に権力が集中して、独裁政治になっている国では、言論の自由が否定される。メディアも権力者に都合のよい情報しか国民に伝えない。逆にいえば、権力を批判する言論の自由が否定されている国家では、独裁政治になりやすいんだ。

そして権力は、大きくなろう、強くなろうという性質がある。国民を支配・コントールする力をもっとつけようという傾向がある。また、権力は、一定の思想や道徳と結びつき、それを国民に強制する傾向もある。そして、異質の考えや少数派の思想を排除しがちになる。権力にとって、異質の考え方の人がいると統治しにくくなるから、みんな同じ考え方が望ましい。このことは歴史を勉強するとわかるだろう。

それから、同じ人間が権力の場に長くとどまっていると、権力者自身の権力保持や拡大に向かって、国民個人の権利自由をないがしろにしがちになる。

そして、国あっての個人だから、安全が守られるには個人は我慢しなければならないとかいって、国や公のためを強調し、個人は犠牲になることを強いられがちになってくる。

また、権力は、間違ったとしても、間違いを認めない。何か間違ったとき行き過ぎたときに、それを認め、反省して、自分の力で修正するということは、なかなかできない。別の第三者からのチェックはどうしても必要だ。

権力は、必要なものだけれど、その本来的な性質から、時に暴走し、間違いを起こし、そしてそうなってしまうと強大な力があるがために取り返しのつかない痛みを国民にもたらすことになる。

かつて、権力は暴走してしまい、権力にとって気に入らない人を排除し、ひいては戦争につきすすみ、多くの人が大切な生命・自由・財産を失うことになった。

そんなことにならないように、国民が憲法を定め、国家権力に縛りをかけている。

権力が、暴走して、国民の権利自由を踏みにじることがないよう権力を分解し、国民がコントロールできる仕組み、システムを作った。

「憲法は、権力を縛るもの」

ときに、間違え、行き過ぎてしまう権力にお任せにして放っておくのではなく、憲法によって権力に縛りをかけること、権力が暴走しそうなときには、コントロールできるようにしておくことが、憲法の本質なんだ。

憲法は、国民の権利自由を守るために、権力を縛り、制限し、コントロールするものだ。

憲法は、国家に向けられたものだ。

この視点をもって、日本国憲法を眺めてみると、権力を縛って、国民の権利自由を守る仕組みがいろいろとあることがわかるだろう。

この**憲法で国家権力を縛るという考え方**を「**立憲主義**《りっけんしゅぎ》」という。

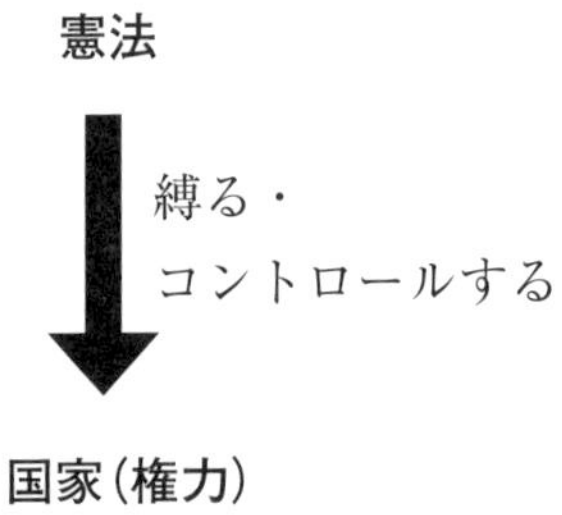

ちょっと堅苦しそうな言葉だが、憲法を理解する上で、とても大切な考え方だ。

（4）表現の自由がない世界

国会では、法律は国会議員の多数決によって決められているが、多数決で決めるのなら、どんな法律であっても定めてもいいのだろうか。

例えば、こんな法律はどうだろう？

「国の政治を批判した人は刑務所に入れる」

こんな法律を、国会で多数決によって決めてよいだろうか？

国会議員は、国民の選挙で選ばれた代表者だから、その人達が、話し合って多数決で決めることなら、それが国民の意思なんだから、国民の多数に沿うものだから、何でも法律で決めていいんじゃないの？

そう思うかも知れないね。王様のような特定の人が、勝手に決めた法律は問題だけど、国民の選挙によって選ばれた人なら、自分達が選んだ人が話し合って多数決で決める以上は、問題ないんじゃないの。それが民主主義じゃないの？　と。

もし、総理大臣が「私の政権運営を批判する人がいる。私達がやっていることは、国民国家のためにやっている正しい政治なのに、それを邪魔するのはけしからん。私の政権運営を批判する人は、国家・国民の利益を損なう人でもあるから、処罰して、批判させないようにしよう。そうすれば、正しい政治が円滑にすすむ」……なんて考えて、「国の政治を批判した人は刑務所に入れる」という法律を作ろうとしている。国会では、大多数の国会議員が総理大臣の意見に賛同していたらどうだろうか。

多数決でどんな法律も決められるのなら、こんな法案も成立してしまうかも知れないね。どうだろう？　こんな法律を作ってもいいのだろうか？　まずいよね。困るよね。こんな法律ができてしまうと国の政治を批判することができなくなる。表現する自由が奪われることになる。怖くて言いたいことが言えなくなってしまう。

「表現の自由」は、憲法の世界では、とても重要な自由、大切な基本的人権とされている。

政治を批判することができない、政治を批判的に論じることができない世界って、どんな世界だろう。国家がやることを批判できず、従順に従い、ほめたたえるしかない世界ってどんな世界だろう。

「それって、おかしいんじゃない？」って声を出すことができない世界。「私は、政府のやり方より、こうした方がいいと思う」と言えない世界。

表現の自由のない世界ってどんな世界なんだろう？

テレビや新聞は、総理大臣や国の政治をほめたたえる報道しかしない。

政治や権力にとって不都合な事実は報道しない。国会議員や公務員の不祥事なんて明るみに出ない。

だから、国民は、生活は苦しくても、不自由な暮らしを送っても、国の政治に問題があるとは思わない。もし、思っていても言えない。学校の先生も、国の政治は素晴らしいと教育する。

暮らしに不満があっても、それは自分とは違う考え方の人達のせい、どこかの国のせいだと思うかも知れない。

一見、統一化、画一化され、統制がととのった見た目はきれいな感じになるかも知れないね。

そこでは、多様性は否定され、異質なものは排除され、少数者の利益は無視される。

そんな流れになってきそうだ。

画一化された人々は、国家からの情報をもとに、国家を中心に、きれいにまとまっていく。

実は、一人ひとりの幸せや良心は置き去りにされたことに、気がつかないままに。

自分で自分の幸せを追求することの感覚がマヒしてくるだろう。「これが国民の幸せなんだから、こうしなさい」と幸せを国が教えてくれ、「そうなのかなあ」って思い込むだろう。

画一化され、多様性が否定され、ベクトルの方向が一つにまとまったとき、その方向へ、ぐんぐん進んでいく。

国民の多くも気分は盛り上がってきて高揚してくる。「正義は我らにあり！」「平和のために、敵をやっつけよう！」なんていう勇ましい気分になってくる。権力も、自由にものが言えない世界で作りあげられた国民の多数＝世論に乗っかって、暴走していくのだ。

こうして、権力が暴走してしまっても誰も止めることはできない。暴走してしまっているときに、内心で「あれ？　これは違うんじゃないかな」「こんなに犠牲を出して、一体何のために、私達は、戦争をしているのだろう」と疑問に思っても止められない。

怖い話をしてしまった。でも、国民が、政治の批判も含めて、言いたいことを言える自由がなければ、こんな怖い世界になりかねないんだ。

実際、戦争につきすすんだ昔の日本では、これと似たような法律があって、国の政治を批判した人達が捕まり、批判することがおさえつけられた。

そんな世界では、一人ひとりの幸せは、大切にされない。多くの人と違うこと、多くの人の考えと違うことは、嫌がられる。「そんなのわがままだ」と一蹴されそうで、黙って、我慢している。

みんなと同じ考え、みんなと同じ価値観、みんなと同じ好み、そうなるよう圧力がかかっていく。そしてみんな＝国の考えとなっていく。

「自分の幸せは自分で決め、求めていく」「自分のなりたい人になる」「好きなことを仕事にする」そんなことは夢物語になるだろう。

かつて、言いたいことが言えないことがあり、戦争につきすすんでしまった過去をふまえ、日本国憲法は「表現の自由」を大切な人権として定めた。

先に、権力はとても大切なものであるが、間違ったり、暴走して、国民個人の自由や権利を侵害してしまうものなので、憲法で、国家権力を縛るという話をした。

権力を縛るという意味で、表現の自由は、とても重要な意味をもっている。

国の政治や総理や国会議員の発言についてありのままに報道し、国民に情報を与えること。そして、国民が国の政治について意見を言い、批判することができること、こうしてはじめて、国民が、権力をコントロールすることが可能になってくるからだ。

表現の自由が保障されていてこそ、国家からの一方通行ではなく、国家と国民の双方通行が成り立つ。権力の間違いや行き過ぎにブレーキをかけることが可能になってくる。

そして、表現の自由は、民主主義を支える自由として、とても大切だ。

みんなが言いたいことが言える、批判したりできることで、話し合いの場で、いろいろな意見が出てくる。多数派の人だけでなく、少数派の人も、どうしてそう考えるのか自分の意見を言うことができる。少数派の人の意見を聞くことで、多数派の人の意見も変わるかもしれない。また少数派の人の意見をふまえたルールを作ることができるかもしれない。

言いたいことを言える自由、表現の自由があってこそ「みんなのことは、みんなで話し合って決める」という民主主義が実現される。

みんなが自由に意見を言えない状況で、安易に多数決で決めるというのでは、本当の民主主義は実現されない。

表現の自由は、とても大切な人権だから、憲法は、権力に対して「これは、大切な人権だから、侵害してはダメですよ」と縛りをかけているのだ。

国会も法律を作るときに、国民の表現の自由を侵害する法律を作ることは、多数決を持ってしても許されない。もし間違ってそんな法律を作ってしまっても「無効」にできるように、憲法は、国家を縛っている。

それは、国民一人ひとりの表現の自由を守るために、国民一人ひとりの存在を大切にするために国家権力を縛っているのだ。

(5) 民主主義と立憲主義―個人の尊重を守る

民主主義と立憲主義とはどのような関係に立つのだろうか?

法律は、国民から選挙で選ばれた国会議員によって、議論され、多数決によって決まるものだ。民主的な基盤がそこにある。

そんな民主的な基盤があっても、表現の自由を侵害するような法律は、決めてはいけない、多数決でも決められないこともあるということだった。

憲法は、この「表現の自由は、大切なものだから、国家は制限してはいけないよ！」と国家に縛りをかけている。

国家に縛りをかけるという考え方を立憲主義と言うが、国民の代表者からなる国会で多数決で決められないこともあるということは、**立憲主義が、民主主義を制限しているという関係に立つ**と言える。

民主主義の目的は、国民一人ひとりを大切にするために、みんなの意見を反映させるということだったが、いろいろな人がいて、どうしても多数派と少数派に分かれてしまうこともあるだろう。

そして、多数決の場面で、多数派の意思にもとづいて国家や団体の意思決定がなされることになる。

そんな時、特定の少数の人に、一方的な不利益を与えてしまうかも知れない。多数派の人は、往々にして、少数派の気持ちは分からないものだ。

そして、気持ちが分からないまま多数決によって、少数者の人の大切な自由を奪ってしまうかも知れない。

ヒトラーは、突然独裁者になったわけではなく、国民の大多数の指示を受けて、権力者の地位につき、その政策を推し進めた。民主主義にのっかっていたわけだ。

でも、あのように自国民にも他国の人にも大きな犠牲が出る結果となった。

民主主義は、絶対ではない。それだけでは間違ってしまうこともある。そして、間違ってしまったとき、大変悲惨な結果も起こりうる。

そんなことがないように、憲法は、多数決でも奪ってはいけない「表現の自由」等の人権リストをかかげた。これらの人権は、人が人として生きていくのに大切なものだから、多数決=法律でも決めていけないことを明らかにした。民主主義に制限をかけたわけだ。

憲法は、民主的な基盤をもつ国家権力に対しても、「この権利、自由は、人権つまり人が人として生きていくために大切なものだから、侵害しないように注意せよ」と縛りをかけている。

そうすることによって、ときに、多数決によって、侵害されることもある個人、特に少数者の人権を守ろうとしている。

そして、日本国憲法は、立法権や行政権から独立した国家機関である裁判所に、法律が憲法に違反していないかチェックする権能を与えた。「**違憲立法審査権**《いけんりっぽうしんさけん》」だ。

法律は、国民の投票から選ばれた国会議員によって作られるものだから、多数者の意思を反映したものと言える。そのために、少数者にとって不利益なものになる可能性がある。

憲法は、法律が少数者の人権を侵害しないように、少数者の人権を侵害するような法律は憲法に違反するとして無効としている。

理念的に、憲法に反する法律は無効であるとするだけではなく、実際にそれをチェックする機関がないと、実効性がない。国会が憲法に違反する法律を作っても、どこからも何も言われなければ、その法律はそのままになってしまうだろう。

どこかがチェックして「その法律は違憲だ!」と言って、ブレーキをかける必要があるのだ。チェックする役割は、裁判所に与えられた。違憲立法審査権は、全ての裁判所が持っているが、最終的に判断するのが、最高裁判所であることから、**最高裁判所は「憲法の番人」**と呼ばれる。

なぜ、裁判所にチェックの役割を与えられたかというと、裁判所は、立法府や行政府と違って、多数者の意思とは切り離された存在であり、法を適用する存在だからだ。

どうだろう? 君は、「民主主義」って聞くと、正しいもの、いいもの、間違いないものって思っていなかったかい? 「民意」とか「世論」というものには、当然従わなくちゃいけないって思わなかった?

でも、与えられた情報とか、なんとなくといったムードとかで、「あの国（あの団体）感じ悪い、怖い、気に入らない」といったような雰囲気が生まれ、多数意見が形成される可能性はある。

そしてナチスドイツや過去の日本の経験もふまえて「民主主義は絶対ではない」としたところに憲法の大きな意味がある。

おそらく「民主主義＝正しいもの」となりがちなところだと思うので、実は、そうではないんだ、限界もあるんだということを注意してほしい。

日本国憲法の究極的な目的は、個人の尊重、つまり一人ひとりをかけがえのない存在として大切にすること、にある。

では、個人の尊重確保のためにどうすればよいか？

歴史上、個人の尊重を踏みにじってしまったのは、国家権力だった。

国家権力は、社会秩序を維持したり、人と人との自由を調整したり、国民一人ひとりにとって必要不可欠なものではある。

しかし、国家権力は、その性質上、強大な権限、強制力があり、また強くなろう、大きくなろう、批判されたくないといった性質があるために、歴史上、間違ったり、行き過ぎたりして、個人の尊重を踏みにじってしまったこともあった。

そこで、憲法は、国家権力が濫用されないように縛っている。権力が、個人一人ひとりの尊重を害さないように、表現の自由等の国家が奪えない権利自由を人権のリストとして、憲法に掲げている。

立憲主義は、民主主義を制限するものだが、他方で、立憲主義と民主主義は、いずれも、**その究極の目的は、個人の尊重確保のためのものだ。**

つまり民主主義は、国家権力自体を、国民の意思が反映され、国民がコントロールするようなシステム、権力に民意を反映するシステムによって、権力による人権侵害をおさえようとしている。

国民自らが、権力について、影響を与え、批判を加え、権力側に参加する道もあるということで、自らの権利自由を不当に制限しないようなルールを作っていけることになる。

少数派の人達も、議論の中で自分の意見を言い、多数派の人達も少数派の人達の意見をよく聞くことで、個人の尊重、少数者の人権を無視するような法律やルールを作ることを一定限度は防ぐことができるだろう。

この点で、**民主主義は、立憲主義と相携えながら、個人の尊重確保を支えている**と言える。

それに、表現の自由は、民主主義を支えるものだ。自由な情報の流通があり、国政への批判も含めて、自由に話し合いができるからこそ、民主主義が維持できる。

だから、表現の自由をふくめた人として大切な権利自由を守ろうとする立憲主義は、民主主義を支えるという関係にも立つ。

まとめると、「立憲主義は、民主主義を支え、しかし、時に制限する。そして、立憲主義と民主主義は、ともに個人の尊重を守るための車の両輪である」ということだ。

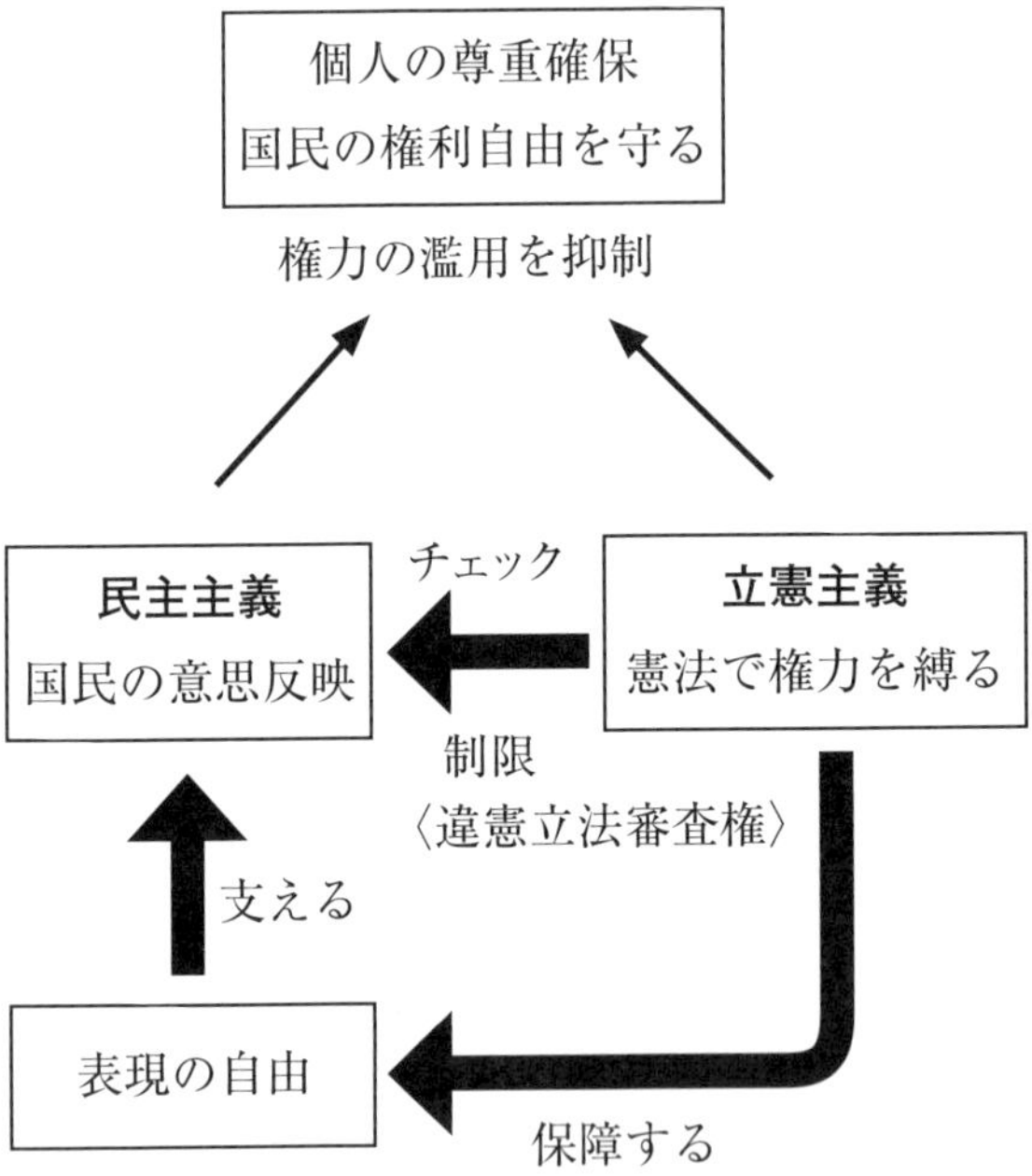

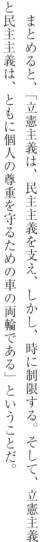

2　権力分立～権力の濫用を防ぐためのシステム

権力というのは、放っておけば、拡大して、強くなっていく。そうすれば、結果として、恣意的な権力行使を行うようになり、人々の自由や財産、そして生命が奪われてしまうことになってしまう。権力者の勝手な判断で戦争も行われやすくなる。歴史を勉強するとそのことがよくわかるだろう。

そこで、システムとして、権力の濫用・恣意的な行使を防ぐこと、権力をしっかりコントロールできることが必要だ。

そのために、国民は憲法を定め、国家を縛ることにした。その目的は、国民の基本的人権を守るため、特に少数者の人権を守るためだった。これが「立憲主義」だ。

権力の濫用を防ぐために、もう一つ重要な憲法上のシステムがある。それが権力自体を分けるという**権力分立**《けんりょくぶんりつ》だ。

「**権力分立**」とは、国家権力を複数の機関に分けて、それらの機関を**相互に抑制と均衡**をとらせて、権力が一人の人（王様等）や一つの機関に集中しないようにして、権力の濫用・恣意的な行使を防ごうとする政治システムのことだ。

その究極の目的は、**国民の自由を守る**ことにある。権力の濫用によって、国民の自由が奪われることになるからだ。

権力集中→権力濫用→国民の自由侵害

国民の自由侵害を防ぐために、権力自体を分けて、相互にチェックさせることにした。

権力分立の典型が、国家機関を「**立法権**」「**行政権**」「**司法権**」といった三権に分ける「**三《さん》権《けん》分《ぶん》立《りつ》**」だ。

権力分立の考え方は、王の権限が強く、王が好き勝手にやっていたことに対して、王の権力を制限しようということを出発点にしている。

最初に権力分立を唱えたのは、イギリスのロックだ。ロックは、立法権と行政権の二権の分立を唱え、立法権が行政権に優位に立つことを主張した。司法権の分離は出てきていない。

このロックの考え方を発展して「三権分立」の基礎となる考え方を提唱したのが、フランスのモンテスキューだ。モンテスキューは著書『法の精神』の中で「すべて権力をもつ者はそれを濫用しがちである。彼は極限までその権力を用いる。権力の濫用をなしえぬようにするためには、権力が権力を抑制するよう事物を按配することが必要である」と述べた。そしてモンテスキューは、権力を抑制するしくみとして、「立法権」「行政権」「司法権」に分けるとした。
モンテスキューの考え方を具現化したのが、フランスやアメリカだ。1789年のフランス人権宣言は「権利の保障が確保されず、権力の分立が定められていない社会は、憲法を有しない」とされている。それほどまでに、「権力を分ける」ということが大事なことなのだ。
権力を一つにしておくと強大になるので、権力それ自体を分ける。さらに、分けた権力をそれぞれチェックさせる
日本国憲法も権力を分け、そして相互に抑制と均衡を図るというシステム、三権分立を採用している。

3　ジョン・ロックのはなし～国家、自然権、法の支配

立憲主義の考え方の出発点となったと言われているのが、権力分立のところでも出てきたジョン・ロックだ。ロックは、「統治二論」（1690年）の中で、近代憲法の基礎となる考え方を世に出した。

ちょっとここで、ロックに登場してもらおう。憲法を学ぶ高校生とロックの会話を聞いてほしい。

「ロックさ～ん！」

ロックは、ドロンと僕の目の前に突然あらわれた。

「あの、ロックさん、あなたが国家を法で縛るという近代憲法の基礎となる考え方を作ったと聞いたのですが、いったいどんな考えを世に出したのですか？」

私を呼んだのは君か？　「国家を法で縛る」ということについて聞きたいということか。いいだろう。私ももっと多くの若者に立憲主義の考えを理解してもらいたいと思っていた。

まずは、**自然権**についての話だ。すべてはここから始まる。そもそも人は自然状態のもとで人間としての生存に不可欠の固有の権利を自然権として持っている。これには、生命・自由・財産が含まれる。自然状態ではすべての人間が平等である。

いいかな。出発点は、個人には固有の権利がもともとあったということだ。王によって与えられたわけではない。だから王によって好き勝手に制約されてよいものでもない。

僕は、ロックの口から、本当に自然権の話が出てきたことに感動した。

「ロックさん、ありがとうございます！　それが有名な自然権思想ですね。でも、現に、実際は国家があって、そこからいろいろと制限を受けていますよね。どうして国家があるのですか？　自然状態だと自由気ままでいいような気もしますが……」

「それはだな」とロックは子どもに言い聞かせるように話を続けた。

想像力を働かせて考えみるがいい。自分が自由だということは、他の人も自由だということだ。みんな自由だ。みんな権利者だ。

自然状態に置かれているだれもが同じ立場にあり、しかも大半の人々は公正と正義を厳格に遵守しているわけではない。

そのような状態にあるとどうなると思う？　力の強い者、わがままな人に好き勝手にされて、自分の自由が脅かされないか？　生命・自由・財産は危ういし、心もとなくないか？

自然状態というのは、ほかの人々から権利を侵害される危険が絶えずつきまとっている状態とも言えるのだ。

「う～ん。確かにそうですね。僕は押しが弱いから、強い誰かの言いなりになってしまうかも……」

ロックは、熱く語り続ける。

自然状態は、不安な状態だ。権利自由が守られている状態ではない。
そこで、人々は、自らの権利を守るために、お互いに契約を結んで政府を作りあげた。政府に権力を与えて、罪を犯した人を捕まえて処罰したりする力を与えた。そうすることで、権力によって、安全や秩序が守られ、個人の自由が守られる。
政府は、人民の権利を守るために存在し、人民との契約、信託によって存在するものだ。人間が、国家を結成し、自らその統治に服す最大の目的は、人々の生命・自由・財産を守ることにあるのだ。

「あ！ **社会契約説**ですね。王の権力は神から授けられたものだとする王権神授説に対抗したのですよね。でも実際に、契約ってあったのですか？ 契約書ってあるのですか？」

ロックは、ニコリとして質問に答える。

社会契約説は、理論の中のもので、実際に契約があったというのではなく、契約書もない。国家権力について、こう考えてみてはどうかという提案だ。こう考えることで、**人民が国家権力をコントロールできる**、政治のあり方を変えることができるということを言いたかったのだ。

こう考えることで、個人の権利自由を中心に考えることができるのだよ。ま、個人の権利を保障するための仮説だな。

しかし、アメリカでは、社会契約説をもとに、実際に独立国家が作られていったのだ。

「なるほど。自分たちが、自分たちの権利自由を守るために、政府を作ったのだから、政府が自分達の権利自由を侵害しないようにコントロールできるはずだと言えるのですね！」

ロックは、満足そうに頷きながら、話を続けた。

そうだ。政府が人々の信託を受けて成り立つものである以上、もし政府が権力をほしいままに行使して人民の権利を侵害した場合には、人民はそれに抵抗することができる。場合によっては、そんな政府を否定して新しい政府を作ることができるのだ。

これを「**抵抗権**」と言う。これまで話してきた「**自然権・社会契約説・抵抗権**」のことを3つセットで覚えておくとよい。

もともと、国民には、固有の権利自由が保障されている。むやみに制約されてはならない。権力の根拠は、国民に由来し、国民の信託にもとづく。だから、権力は国民の権利自由を好き勝手に制限することは許されない。好き勝手に制約しないために、法で権力行使に縛りをかける。権力行使は、法にもとづくものとする。

法の目的は、個人の自由を奪うためではなく、個人の自由を保ち、守るためにあるのだ。

ロックは、僕の目を見つめながら、そう力強く語った。

「法の目的は、個人の自由を保ち、守るためにある……か。ロックさん、なかなかカッコいいことを言いますね！」

ロックは照れてニコニコしている。笑顔が意外に可愛い。

「あの、ロックさん、法で権力行使に縛りをかけるということですが、それは、昔のわがままで横暴な王様の話だからじゃないですか？　国民から選挙で選ばれた人、みんなで選んだ人からなる政府だったら、ちゃんと権力を行使してくれるから、縛る必要なんてないんじゃないですか？」と僕はたずねた。

ロックは、「若者よ、いい質問だ！」と僕をほめてくれた。

法の目的は、個人の自由を保ち、守るためにある。では、個人の自由を奪ったり、侵害するものは何か？　それは、ときに他人であり、ときに国家でもある。

人々の自由を奪うのは、個々の他人とは限らない。国家も個人の自由を奪うことがある。そして、人々の信託によって成立した国家、国民から選ばれた代表者による国家であっても、権力行使によって、個人の自由を奪うことがあるのだ。

たしかに、横暴な王と比べれば、民主的な国家は、個人の権利侵害をする可能性は低いと言えるかも知れない。

しかし、民主的な国家であっても、その権力行使によって、個人の自由が奪われる危険性は常にあるだろう。

権力を行使する者は、神ではなく人なのだ。人は自己の利益に左右されるので、どうしても自己本位の判断にとらわれる。人はわが身がかわいい。だから自分のことになると、とにかく情念や復讐心に駆られて行き過ぎに走ったり、逆上したりしがちである。一方他人のことになると、無頓着や無関心が原因となって不行き届きが起こる。

権力行使を行うのが人である以上、たとえ人民が選んだ素晴らしい政治家によったとしても、法による縛りがなければ、個人の自由が侵害される可能性が高いのだ。

特に、国民の多くから支持をうけた政府や権力者の権力行使には、勢いがある分、少数派や個人への権利侵害が行われても、見過ごされる危険性が高いとも言える。自らの権力行使に自信がある分、権力行使への批判に耳を傾けることは難しくなる。

国家の全ての権力は、個人の自由のために奉仕されるべきである。それは恣意的に、また随意に扱ってよいものではない。法の縛りのもとで、行使されるべきなのだ。

「つまり、ロックさんて、人も信頼しないし、国家も信頼していないのですね〜。もしかして疑い深い人？」

僕は偉人に対して、思い切り失礼なことを言った。ところがロックは、むしろ嬉しそうな表情をうかべた。

そうだ！　人を完全に信頼しないこと、そこが重要だ。私は、人も、権力者も信頼していない。完全には信頼していない。完全に誰かに任せてしまってはいけない。自分の自由を誰かに預けてしまってはいけないのだ。

どうしても人には弱さがある。不完全な存在だ。だから、ある人のやり方にすべて任せて放っておくと、いつしか個人の自由は、他者や国家によって侵害されてしまうのだ。人による支配では、とても個人の自由は守れない。では、どうするか？　そうだ、法によるコントロールだ。

「あ！　それって『**法の支配**』っていうものですか！」と思わず僕は叫んだ。

うむ。法とは、国家を縛る法、憲法だ。

法の支配とは、憲法によって、国家権力を縛り、コントロールをするということに本質がある。このことを知っておいてほしい。そして「法の支配」を実現することが、個人の自由を守ることになるということをぜひわかってほしい。


ロックは、立憲主義について熱く僕に語ったあと、一つ大きな息をついて、こう言った。


私は、権力も人が行使するものである以上、法で縛っておくことが必要だと言った。人は愛すべき存在だ。しかし、一方で、弱い存在でもある。

君にも経験があるだろう。場の空気やムードで、同調したり、よく考えずに判断することもある。みんなが「ＹＥＳ！」と言っているときに、一人「ＮＯ」と言うことは、なかなかできないものだ。自分の利益だけを考えて、他の人が大切にしていることに思いが至らないこともある。また、誰か偉い人、力のある人の話をうのみにしてしまうこともある。

自分の人生を誰かに簡単に預けないでほしい。自分の手でコントロールしてほしい。常に自分の頭で考えて、冷静に判断するようにしてほしい。

誰かを信じるということは美しいことだ。友達や家族を信じるということは素晴らしいことだ。そしてときに、ただただ相手を信じるということも必要だろう。

しかしだ。自分の頭で考えた上で、判断することを原則にしてほしいのだ。愛すべきものも、尊敬する人も、ときに誤った判断をすること、間違ってしまうことがある。

それから、国家が憲法を持つように、自分の心の中にも、誓いや約束を持つがいい。自分の中で、何が大切で、何を守らなければならないのか、何をすべきか、何をしてはならないのかを、自らの心に問いかけ、言葉にして明確にしておくのだ。

そうすることで、君は、自らをコントロールすることができるだろう。もちろん、何か大切なものを守るためには、絶え間ない努力が必要だろう。きっと試練もあるはずだ。

しかし、大切なものを意識し、守ろうと生きることは、自分らしく生きることにつながるはずだ。「大切なことをきちんと言葉にしておく、それを守る」。それは、国家にとっても、個人にとっても重要なことだと私は思う。君たちが暮らす社会が、大切なことを大切にする社会であることを願っている。

ロックは、そう言いながら僕の手を両手で握りしめて、笑顔でうなずき、そして静かに消えていった。

4　国民主権って何？

（1）主権が国民にあるってどういうこと？

社会の教科書に出てくる日本国憲法の三大原理を覚えているかな。「**国民主権**」「**基本的人権の尊重**」「**平和主義**」だね。

これらの言葉は出てきても、その意味を理解することは、なかなか難しい。特に「国民主権」は、言葉のとおり、主権が国民にあるということだが、わかったようでわからない気がする原理だ。なぜ日本国憲法は、国民主権を採用しているのだろうか？

明治憲法（大日本帝国憲法）では、主権者は天皇とされ、「君主主権」がとられていた。戦争後に定められた日本国憲法では、天皇は、日本国の象徴であり日本国民統合の象徴であるとされ、主権が国民にあることが明記された。

なぜ、国民主権とされたのだろう。それを理解するためには、そもそも「主権」という言葉の意味を理解しておく必要がある。

「**主権**」とは、国を統治する権力のことだ。国を統治するしくみを定めたものが憲法であるから、主権があるということは、**憲法を定める権力があ**るという意味でもある。君主主権であれば、天皇や王様が国の統治権を持っていた。明治憲法を制定したのも天皇だ。

国民主権ということは、国民が統治権を持っていることになる。**国民が憲法制定権力者**だ。国を統治する権力というのは、社会秩序を維持するために法律を定め（立法権）、法律を執行する権力のことだ（行政権、司法権）。社会秩序を維持するために、秩序を乱した者に対しては、裁判にかけ刑罰権を行使するし、ときには強制的に税金を徴収する。

国民に主権があるということは、国会議員が法律を定め、裁判官等の公務員が権力行使をできる源泉が、国民にあるということだ。権力を行使するものは、国民から権力行使をするように託されている。そこで、権力を行使する際には、国民のために行使しなければならない。

なぜ、日本国憲法は、国民主権を採用したのだろうか。君主主権ではだめなのだろうか。国民に主権があるとすることによって、権力を行使する者は、国民のことを意識し、国民のために権力行使をすることが必要になった。権力者が好き勝手に国民の権利自由を侵害することができにくくなった。

国民に主権があるとすることによって、政治＝権力行使に国民が参加したり、監視したりする理屈が立つようになる。主権者である国民が、権力行使の**主体**にもなるのだ。

逆に、特定の誰か（王様）に主権、国をおさめる統治権があるとすると、国民は、おさめられる**客体**として、国政に参加する理屈がつけにくい。また王様の好き勝手に、権力行使がなされ、国民の自由も奪われやすくなる。

国民主権によって、権力の乱用が防止され、国民の自由が保障されやすくなるのだ。すなわち、国民主権の目的は、**国民の基本的人権の保障、個人の尊重のため**にある。

国政は、国民の代表者によって行われる。代表者は、選挙で選ばれる。代表者である国会議員がとんでもない法律を作った場合や、誤った権力行使をした場合には、国民が次の選挙で、落選させることもできる。

そこで、選挙というのが、主権者として重要な局面となる。選挙を通じて、国会議員、地方自治体の首長（知事や市長）、地方議員を選ぶ。現職の国会議員が、国民の代表者としてふさわしくないということであれば、選挙で議員をやめさせる。

国会議員が国民の代表者として、適切に権力行使をしているのかをチェックし、選挙で審判を下す。自分の1票は、確かに、微々たるものだろう。しかし、みんなの1票が集まることで、変化を起こすこともできる。それに、表現をすることを通じて、多くの人に、訴えることも可能になる。

国民主権のしくみ

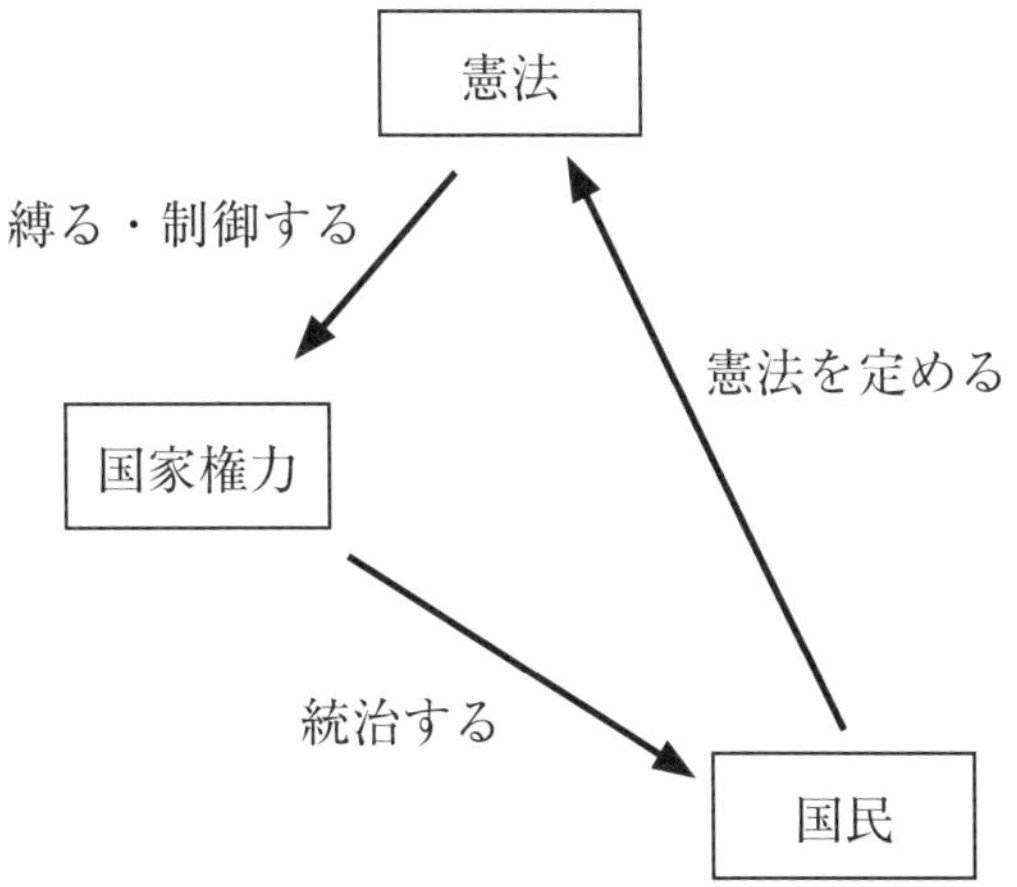

国家権力の源泉が国民にあるとする

（2）18歳になったら選挙権行使！

以前は20歳になって与えられた選挙権が、平成28年6月から、18歳以上に与えられるようになった。

日本国憲法前文の冒頭には、こう書いてある。

「日本国民は、正当に選挙された国会における代表者を通じて行動し、……ここに主権が国民に存することを宣言し、この憲法を確定する。そもそも国政は、国民の厳粛な信託によるものであって、その権威は国民に由来し、その権力は国民の代表者がこれを行使し、その福利は国民がこれを享受する」

憲法の最初に書かれていることから、いかに国民が主権者として、国政を託すにふさわしい代表者を選ぶことが重要であるかがわかるだろう。

主権者としての役割を果たすには、まずは選挙権を行使すること、投票することだ。投票をしなければ、主権者たる国民の意思は政治に反映されない。政治は変わらない。

そして、よい代表者を選ぼう。候補者が、国会議員になったら、何をしようとしているのか（公約）を確認する。それぞれの候補者の何をするつもりなのかを比較してみる。論点はいくつもあるだろう。税金をどうするか、年金問題、外交問題、原子力発電の問題、憲法改正問題……。自分が一番こうしてほしいなと思う問題について、自分の思いと一致する候補者を選ぶとよいだろう。

もちろん、口先だけではなく、本当にその候補者が、公約実現に向けてがんばってくれるのか、人柄や実績を見ることも大切だ。

ダメな人を代表者にしないようにしよう。ダメだった人は選挙で落とそう。主権者として、選挙権を行使しよう。

5　基本的人権の尊重～憲法は人権のカタログ

基本的人権の尊重とは、人間が人間らしい生活を送るために生まれながら持っている権利（基本的人権）を不可侵のものとして国家は尊重しなければならないという原理だ。

憲法は、統治のしくみを定めているとともに、人権のカタログでもある。日本国憲法の条文を眺めてみると、表現の自由、信教の自由、学問の自由、居住移転、職業選択の自由、財産権、生存権、教育を受ける権利……。いろいろな自由や権利が書かれている。憲法は、このような自由や権利が、人が人として生きる上で、大切な自由や権利であることを明言しているのだ。

日本国憲法は11条で、「国民は、すべての基本的人権の享有を妨げられない。この憲法が国民に保障する基本的人権は、侵すことのできない永久の権利として、現在及び将来の国民に与へられる」とする。

表現の自由をはじめ、重要な自由について、国家権力が、恣意的に制限しないように、多数者の意思（法律）によっても奪えない権利自由を明記し、国民の自由を護ろうとするものだ。

基本的人権には、自由権、社会権、参政権、平等権等がある。

自由権というのは、何に対しての自由かと言えば「**国家からの自由**」だ。例えば、表現の自由についていえば、国家は、国民が表現することを妨げない、政府を批判する表現をしたからといって、処罰してはならないということだ。

自由権には、精神的自由と経済的自由、身体的自由がある。

精神的自由には、表現の自由をはじめ、思想良心の自由、信教の自由、学問の自由がある。表現の自由は、民主主義を支える自由としてとても重要だ。

経済的自由には、財産権、居住移転・職業選択の自由がある。

社会権というのは、国民が人として人らしく生活を営むことを国に求める権利であり、生存権を中心として、その派生として、教育を受ける権利、労働基本権が保障されている。

自由権が、国家に対して「○○してはならない」としているのに対し、社会権は、「○○をせよ」と国家に対し一定の行為を要求する権利だ。「**国家による自由**」と呼ばれる。

もともと人権は、自由権（特に経済的自由）の獲得からはじまった。王様が国民に対してかけていた財産権等の経済的自由の制約について、王様が好き勝手に制約できないように縛りをかけることからスタートした。

経済的自由が確保されると、経済が発展する。産業革命によって、大きく経済が発展し、一方で資本家と労働者の間で、貧富の格差が著しくなった。経済的自由とはいっても、労働者は、生きていくために、資本家から言われるがまま劣悪な条件のもとでも、働かざるを得なくなった。職がなければ、飢えるしかなかった。

人が人らしく生きていく上では、最低限「食っていける」ということが必要だ。食うに困るような状況では、とても人らしく生きていくことはできない。

そこで、憲法は国家に対して、人が人らしく生きるための権利、生存権をはじめとした社会権を保障するように求めたのだ。

第3章

裁判員になっても大丈夫?

~刑事手続

裁判員になれば、自分の判断によって被告人の処罰が決まるという重い決断が迫られる。場合によっては、死刑が問題となる事件もある。
もし将来君が裁判員に選ばれたら、尻込みをしてしまうかもしれないが、貴重な体験になるから、ぜひチャレンジしてほしい。

1　弁護士はなぜ「悪い人」の弁護をするの？

凶悪事件の事件報道を耳にしたとき、君は、こんな凶悪犯人の弁護をする必要なんてない、さっさと刑罰を受ければいいのに、弁護士は、なぜこんな悪い奴の弁護をするのだろうと思ったことはないだろうか？

日本国憲法では、どんな人でも弁護人を依頼する権利が保障されている。なぜ、弁護士は、「悪い人」の弁護をするのだろうか？

ここでちょっと考えてほしいのは、「悪い人」ってどういうことかということだ。人を殺した人は、悪い人に決まっているじゃないかと君は思うかも知れないね。でも、人を殺しても、罪にならないこともある。例えば、相手が自分を殺そうとしたので、やむを得ず、自分の命を守るために相手を殺したという正当防衛の場合には、罪にはならない。さらに極端なことを言うと、戦場では、相手の兵士を殺すことは罪にならないどころか、必要なことだったりもする。

このように、一見、悪いこと、悪い人のように思えても、よく見てみると、単純にそうとは言えないということもあるんだ。

そして、警察に逮捕されたからといって、悪い人、犯人と決まったわけではない。例えば、人の物を盗んだとして逮捕された人が、実は盗んでいなかったということもあるかも知れない。

逮捕された人の言い分や弁護人が出した証拠や意見もふまえて、裁判官によって、本当に人の物を盗んだのかが、慎重に判断されなければならない。

犯人と決まるのは、刑事裁判を経て、裁判官が有罪と判決を下し、その裁判が確定したときだ。つまり、裁判が確定するまでは、無罪と推定される。これを「**無罪推定《むざいすいてい》の原則《げんそく》**」という。新聞やテレビでは、このことを意識して逮捕された場合には「容疑者」という表現を使っている。法律用語では「**被疑者《ひぎしゃ》**」だ。

なお、メディアは、検察官が起訴した場合には、「A被告」、判決が確定して刑務所に行った場合には「A受刑者」と表現を変えている。「容疑者」や「被告」と呼ばれている間は、まだ犯罪者、犯人と決まったわけではないよ。法律用語では、起訴されたら「被疑者」から「被告人」となる。

ちなみに民事裁判では、訴えた人を「原告」、訴えられた相手を「被告」と呼ぶ。民事裁判で訴えられた人の中には、「自分は悪いことをしていないのになんで被告人なんだ！」と怒る人もいるけれど、民事裁判の「被告」は刑事裁判の「被告人」とは違うよ。もっとも、一般の人にとって、「被告」という響きは「被告人」と同じ感じで嫌な気がするのはよくわかる。

さて、検察官が被告人として起訴したその人が、本当に起訴状に書いてあるような犯罪をしたのかを、被告人や弁護人の意見、出された証拠をふまえて、裁判官によって慎重に判断される。

弁護人の役割は、犯罪をしたと疑われている人、裁判にかけられている人が、実は犯罪をしていない場合には（これを「否認事件」という）、その疑いを晴らすために活動するのが一つだ。「被告人は無罪です！」と法廷で闘うのだ。

それから、本当に罪を犯した人で、そのことを認めている場合であっても（これを「自白事件」という）、その言い分をしっかり裁判官にきいてもらう必要がある。

例えば、A君がドラッグストアから風邪薬を万引きしたとしよう。

A君が有罪で間違いないとしても、裁判では、有罪か無罪かを決めるだけではなく、有罪の場合には、法律の枠内で、具体的な事情もふまえて、実際の刑罰が決められる。

人の物を盗んだ場合には、刑法の窃盗罪として「10年以下の懲役又は50万円以下の罰金」に処するとされている。

10年以下や50万円以下という枠はあるけれど、10年以下の懲役という枠の中には、懲役1

年の場合もあれば、10年の場合もある。そこで、実際にどのような刑にするかは、検察官側と弁護人・被告人側の言い分をしっかりきいて、出された証拠を吟味して、決めることになるのだ。

A君が、単に、ゲーム感覚、スリルを味わいたいからと風邪薬を盗んだ場合と、風邪で寝込んでいる妹に薬をのませてあげようと思って、風邪薬を盗んでしまった場合と、同じ風邪薬を盗んだとしても、同じように処罰することは、なにか違うだろう。

また、風邪薬を盗って、全く反省していない人、弁償もしない人と、風邪薬を盗ったことを深く反省し、お店に謝罪と弁償をした人とは、やはり違うだろう。

罪を犯したとしても、適正な刑罰が下されるためには、犯行態様や罪を犯すに至った事情、犯行後の事情（反省や弁償等）をきちんと裁判官に伝える必要がある。

しかし、被告人だけでは、なかなかそういった事情を伝えることは難しい。そこで、弁護人がついて、被告人側の事情や言い分をしっかり裁判官に伝える必要があるんだ。

実務では「被告人は無罪です」と弁護人が闘うことはほとんどなくて、多くの刑事弁護は、後の、「自白事件の情状弁護」だ。

悪いことをした人と決まったわけではないし、本当に悪いことをした場合であっても、事情をしっかり伝えて、適正な手続きのもとに、適正な刑罰が下されるようにするのが弁護人の大切な役割だ。

刑事裁判での有罪率が99・9％って聞いたことがあるかな。刑事裁判では、検察官が起訴、すなわち「この人が、○○罪を犯したので裁判をしてください」と裁判にかけるのだけど、検察官が起訴して裁判にかけると、ほとんどが有罪になるということだ。

「裁判になった以上は、もうほとんど有罪なんだから、裁判なんかしなくて、さっさと刑務所に入れてしまってもいいじゃない」ということにはならない。

疑われて、裁判にかけられてしまったら、弁護人をつけて、言い分を伝える機会が与えられていることが必要だ。

確かに、ほとんどの場合が、有罪で、実際に犯罪にあたることをしていたとしても、本当はやっていない人が、裁判にかけられている可能性もある。検察官は慎重に起訴をするかどうかを考えて、起訴しているけれど、犯罪をしていない人を誤って起訴することが、絶対にないとは言い切れないんだ。検察官も人だからね。

悪いことをしていないのに、例えば人を殺してはいないのに、殺人罪で刑務所行きになると大変なことだよね。それに、日本の刑罰には、「死刑」もあるから、間違って犯人にされてしまうと、真犯人の代わりに、死ななければならないこともある。怖いことだ。

それからね、実際に悪いことをした人に対して、弁護士は、単に、刑が軽くなるように、活動するわけではなくて、二度と同じ過ちを繰り返さないように、罪を犯さないようにサポートする役割もある。

弁護人は、被告人に対して、被害者の方に、謝罪のお金や手紙を送るようにアドバイスをすることがあるのだけど、それは単に寛大な処分のためにやっているのではなく、被告人に自分が犯した罪にしっかり向き合ってもらいたいからなんだ。

2 逮捕されてしまった！ その後どうなる？

逮捕されたら、その後はどうなると思う？ あまり面白くない想像だけれど、もし君が、人の物を盗んだ疑いで、警察に逮捕されたとしよう。

ある日突然、警察官が君の家を訪ねてきて、ちょっと話があるので警察署まで来てほしいと言われ、君は素直に警察署に行った。そこで、警察官から逮捕状を示され、逮捕時刻を言われて、君は逮捕されてしまった。

そのとき、**当番弁護士**《とうばんべんごし》というものを思い出してほしい。無料で弁護士に来てもらえるという仕組みを弁護士会が作っている。警察官にむかって「当番弁護士を呼んでください」と言うのだ。

すると、24時間以内に弁護士が駆けつけてくれる。

面会室の扉があいて、スーツを着た40代くらいの男性が頭をさげた。顔をあげると、アクリル板越しに、その男性は口を開いた。

『Aさんですか。はじめまして。当番弁護士として面会にきた弁護士の佐藤太一です。

当番弁護士というのは、逮捕勾留された人やその家族から要請をうけて1回に限って無料で派遣される弁護士です。当番弁護士は、被疑者となったあなたの利益を守ることを仕事としています。弁護士には「守秘義務」といって秘密を守る義務があり、私に話したことが、他にもれることはありませんので、安心してお話ください。

さて、今、あなたは、窃盗の罪を犯したのではないかという疑いをかけられて、逮捕され、警察の留置場にいます。

これから、警察官や検察官の取り調べを受けることでしょう。取り調べもふまえて、検察官があなたを裁判にかけるかどうかを判断することになります。

これからの予定ですが、逮捕されてから24時間以内に警察官は、検察官送致します。検察官は送致されてから48時間以内に勾留請求をするか判断します。

この段階で最長72時間身柄が拘束され、この間に、検察官があなたの拘束を続けるよう裁判官に請求するかどうかを決めます。これを勾留請求と言います。

勾留請求があると、裁判官があなたの言い分をきく勾留質問という手続をした後、引き続き身柄を拘束するかどうかを決めます。勾留を決めることを勾留決定と言います。

勾留は、原則として10日以内ですが、更に10日以内の延長ができることになっていますから、最長20日間勾留されることがあります。

裁判官が検察官の勾留請求を認めなければ釈放です。勾留となると、あなたの身柄は、そのまま警察署の留置場か、拘置所で、拘束されることになります。

裁判官が勾留するかどうかを判断するのですが、検察官が勾留請求をすると、勾留決定がされることがほとんどです。

この勾留期間の間、検察官はあなたを取り調べして、起訴をするかどうかを決めます。

証拠が不十分だったりして**不起訴処分**《ふきそしょぶん》、証拠はあるけれども起訴を猶予するという**起訴猶**《きそゆう》**予処分**《よしょぶん》というのもあります。そうなれば、釈放となります。

裁判官が、起訴をすると、裁判が開かれます。ドラマで見るような法廷で、裁判官が高いところにいて、検察官や弁護人が対決する裁判です。

起訴された後も、勾留が続くこともあります。ただ、起訴後には、裁判の間、仮に釈放されるという「保釈《ほしゃく》」が認められる場合もあります。

保釈はどんな場合でも認められるのではありません。

1）罪証隠滅のおそれがないこと

2）逃亡のおそれがないこと

3）定まった住居を有すること

といった要件を満たす必要があります。

裁判所が判断して、保釈請求を認めるかどうかを決めます。そして、保釈金を決めて、納付を求めます。なぜ保釈金が要求されるのかというと、「逃げたり、証拠を隠そうとしたら、保釈金没収だよ」というプレッシャーをかけて、逃げたり証拠を隠さないようにしているのです。

さて、あなたが逮捕された容疑の確認ですが、「平成30年12月24日に、B菓子店で、クリスマスケーキ1個（3000円相当）を盗んだ」ということですが、これは事実でしょうか、それとも違っているところがありますか？

（そのとおりで間違いありません）

そうですか、そのとおりなのですね。

そうするとこれは窃盗ということで、罪になります。そうすると少しでも罪を軽くしたいということであれば、盗んだことについて、盗んだお店に対して、謝罪をし、またきちんと反省して、今後二度とこのようなことをしないと誓う必要があります。

でもどうして、ケーキを盗んだのですか。

（財布にお金が300円しかなくて、でもクリスマスイブには、子どもに丸い大きなケーキを買ってあげたくて、つい……）


そうでしたか。そのような事情も検察官にはきちんと伝えるようにしてください。

自らしたことについては、認めた上できちんと反省する必要がありますが、やってもいないことをやったと言ってしまったりすると、それが証拠となって、罪が重くなってしまうから気をつけてください。

例えば、検察官から、このケーキ以外に、別のものも盗んだだろうと言われても、そのような事実がないならば、きっぱりと否定してください。認めてしまうということを「自白」と言いますが、いったん自白をしてしまうと、あなたが犯罪を行ったことの有力な証拠とされてしまいます。

嘘の自白は絶対にしてはいけません。取り調べが辛くて、もう面倒だから自白しよう、ここでやったといっても後で裁判官に事情を話せば嘘の自白だとわかってくれるだろうと思って、自白してしまうと、その自白のために、濡れ衣を着せられることもあります。いったんした自白を、嘘の自白だと裁判官にわかってもらうことは大変だし、わかってくれないこともありますからね。

嘘の自白のために、無実の罪で、刑務所に何年も入れられた人もいます。

やっていないことは、きっぱり「やっていない」と言ってください。もし警察官や検察官から「やっていない証拠を出しなさい」と言われても、やっていない証拠を出すことは「悪魔の証明」といってできないことですし、やったという証拠を集めていくのが警察官や検察官の仕事ですから、毅然と「やっていないものはやっていません」と対応してください。

対応が苦痛であれば、「黙秘します」と黙秘権《もくひけん》を行使してください。被疑者には、黙秘権という権利が憲法上保障されていて、警察官や検察官が強引に喋らせることはできません。

警察官や検察官がどのような取り調べをしたか、それに対して自分はどのように対応したかといった取り調べの内容については、「被疑者ノート」を差し入れしておきますから、そのノートに記録しておいてください。

警察官や検察官は、取り調べをした後、「供述調書」という書面を作成します。読んで聞違いがないかを確認されますので、よく確認した上で、訂正したいところがあれば、訂正を申し出て、もし警察官や検察官が訂正に応じなければ、調書に署名指印をしないでください。調書に署名指印することを拒否しても、あなたに不利益はありません。

調書に署名指印をすると、この供述調書のとおりに、あなたが言ったことと裁判で扱われることになるので、注意が必要です。

体調が悪い場合には、そのことを警察官や検察官に話して、取り調べに配慮してもらうように頼んでみてください。検察官らが取り調べに配慮してくれない場合には、弁護人に言ってください。弁護人から検察官らに体調に配慮するように申し入れを行います。

勾留されているあなたには、弁護士をつけるお金がなくても、「**被疑者国選弁護人**《ひぎしゃこくせんべんごにん》」といって弁護人をつけることができます。

私は、当番弁護士としてここに来ているのですが、あなたが私でよければ、私がそのまま弁護人になります。

弁護人というのは、要するにあなたの味方です。あなたの権利が守られるように、不当な取り調べを受けないように、活動をしていきます。あなたが罪を犯していた場合には、罪が不当に重くならないように活動します。

具体的には、被害者との示談を行ったり、検察官に起訴をしないように働きかけたりします』

駆けつけてきた当番弁護士は、君に対してこのような説明をする。

君が警察に逮捕されて、警察の留置場に入れられるということは、一生ないことかもしれない。

でも、人生何があるかわからない。窃盗や殺人等わざと（故意に）罪となるようなことをしなくても、不注意で（過失で）事故を起こし、捕まることもありうる。例えば、自動車を運転していれば、事故を起こし、人を死なせてしまう可能性もゼロではない。結果が重大だと、こうした過失犯であっても逮捕、勾留されることもある。

それに、身に覚えのない無実の罪で逮捕される可能性もないとは言い切れない。満員電車で痴漢に間違われて逮捕されてしまうことだってあるかもしれない。

そういうことがないのがよいのだが、君がもし逮捕され、留置場に入れられることがあったら、すぐに「**当番弁護士を呼ぶ**」ということだけでも、覚えておいてほしい。

3　犯罪と刑罰のはなし

(1)　犯罪って何だろう?

テレビや新聞には、毎日のように、事件報道がなされ、「殺人の疑いで、○○容疑者を逮捕した」等と、誰かが警察に逮捕されたというニュースが報道されている。

なぜ逮捕されるのだろう?　君は、悪いことをしたのだから当然だろうと思うかも知れないね。ところが、警察官が好き勝手に逮捕しているわけではない。逮捕するためには、必ず法律の根拠がある。あらかじめ法律、刑法という法律があるのだけど、そこに「○○のことをしたら、□□という刑に処する」ということが決められていて、それにあたる行為をしたと疑われた場合に逮捕される。例えば、殺人罪の場合「人を殺した者は、死刑又は無期若しくは5年以上の懲役に処する」と刑法に定めている。

刑法という法律には、殺人罪の他にもいろいろな犯罪が決められていて、その刑罰が決められている。刑法は、「犯罪」と「刑罰」のカタログだ。六法があるなら、刑法の条文を見てみよう。いろいろな犯罪と刑罰が書かれているだろう。

・コンビニでおにぎりを万引きする……窃盗罪

・電話をかけ「オレだよ、オレ、事故っちゃって示談金が必要だから、今からいう口座へ

100万円を振り込んで！」という……詐欺罪
・銀行で、包丁を持って「金を出せ！」とお金を脅しとる……強盗罪

どれも人や社会に迷惑をかけたりするものだね。

「刑法」という法律に、罪を犯した人には、刑罰が科せられるというルールが定められている。

すなわち、「犯罪」とは、刑罰という強度の制裁を科すに値するほど、人や社会に大変な迷惑をかける行為のことであって、法律で定められているものを言う。

(2) どんな刑罰があるのだろう？

「刑罰」というのは、犯人から生命、自由、財産などを奪うことを内容とした苦痛を与える厳しい制裁のことを言う。

日本では、どんな刑罰があるか知っているかな？

刑務所に行くというのが、ぱっと思い浮かぶかも知れない。今、日本の刑罰には、**死刑**・**懲役**《ちょうえき》**（無期懲役、有期懲役）**・**禁錮**《きんこ》・**罰金**《ばっきん》、**拘留**《こうりゅう》、**科料**《かりょう》がある。これも刑法で定められている。

「**懲役**」というのは、刑務所にいって、強制的に労働させられることだ。「**禁錮**」も刑務所に入ることだが、懲役と違って労役はない（ただ、希望して働くことはできる）。「拘留」も身柄を拘束される刑罰だが、期間は短く1日以上30日未満の範囲内となっている。懲役や禁

錮については、一定の要件で「執行猶予」がつく場合もある。

刑務所というところは、罰を受けるところだから、快適なところではない。もし、刑務所が快適なところだったら、刑務所に行きたくてわざと罪を犯してしまう人が出てきてしまうだろう。刑務所では好きなものを食べることも、好きな音楽をきくことも、家族と暮らすことも、好きなところへいくことも、自由に人と会うこともできない。辛くて大変なところだ。

「罰金・科料」というのは、どちらも一定額のお金を払わせる刑罰だ。罰金は、1万円以上をいうけれど1万円未満のときもある。科料は1000円以上1万円未満の金額の罰だ。

(3) 死刑について考えてみよう

日本の刑罰で、一番重い刑は、死刑だ。死刑ってどうやって執行されるか知っているだろうか?

刑法で死刑のやり方は「絞首刑」と決められている。ロープのわっかに首をとおし、2階になっている床の底が、刑務官の押すボタンによって、「バカっ」とはずれ、体が落ち、吊されることで、刑が執行される。

刑務官の押すボタンは1つではない。3つや4つある。それを3人や4人の刑務官がいっせいに押す。

それはどうしてかと言うと、仕事とはいえ、自分の行為によって人を死なせることは、辛いことだから、自分の押したボタンで人が死ぬと思いたくないから、3つや4つにしているそうだ。もっとも、それでも刑務官の心理的ストレスは相当なものだろう。

ところで、死刑って、日本では、当たり前のようにあるけれど、世界に目を向けると、世界の3分の2の国は、死刑がない。どうして、死刑のない国の方が多いのだろうか。以前は死刑があった国も、死刑を廃止した。

日本でも「国家が人を殺すことは許されないのではないか」「誤った判断で死刑にされると取り返しがつかなくなる」「死刑に犯罪の抑止力があるかは疑問である」「刑を執行する人の精神的負担が重い」といった死刑制度廃止論が主張されている。

他方で、「世論調査から国民の大多数は死刑の存置に賛成している」「被害者遺族は加害者の死刑を望んでいる」「死刑があることで犯罪の抑止力がある」「凶悪犯罪は生命を持って償うしかない」等の理由から死刑制度をこのまま維持すべきという考えもある。

死刑制度を維持するか廃止するかどうかは、とても難しい問題だが、ぜひ考えてみてほしい。君はどう思う？

（4）なぜ刑罰が必要なのだろう？　～刑法の目的

死刑、懲役は、いずれも人に大変な苦痛を与える強力な罰だ。刑罰は罪を犯したことのペナルティ、強力な制裁だ。

どうして、そんな刑罰という強力な制裁が必要なのだろう。「これはしてはいけない」とルールだけを決めておくだけじゃいけないのだろうか？

ところで、サッカーには、ファウルとか、ハンドリングとかの反則をすると、場合によってはイエローカード、さらにレッドカードで自分が退場させられるよね。

どうしてなのだろう？　もしペナルティがないと、ルールがあっても、別に不利にならないからいいいやと、ルールが守られないことがあるだろう。

ルールがあるから守るという人も、もちろんいると思うけど、ペナルティを受けるのが嫌だからちゃんとルールを守る。そういう人もいるだろう。

ルール違反をした者が、きちんとペナルティを受けることで、周りの人も納得できるし安心だ。自分はルールを守ろうと思う。

刑法も、人の物を盗まないように、人をケガさせたりしないように、人の物を盗んだり、人をケガさせたりすることにペナルティをつけて、犯行防止を図っている。

「人の物を盗めば、10年以下の懲役」としているのは、言い換えれば、国家が、刑罰の威嚇力をもって、国民に対して「人の物を盗むなよ」と命令していることでもある。もし違反したら、刑務所に入ってもらうよと警告している。そうすることで、人の物を盗む人は減るだろう（これを「**一般予防**」という）。

盗んだ犯人自身も、一度罰を受けることで、もう罰は受けたくないと思って、二度と盗もうと思わなくなるだろう。また刑務所の中で、「盗むことは悪いことだ」としっかり教育してもらえるかも知れない（これを「**特別予防**」という）。

罪を犯したら罰を与えるぞと定めておくこと、そして、実際に罪を犯した人には、きちんと罰を与えること、こういった「ルール＋ペナルティ」、「法律と刑罰」によって、法律に違反する人、つまり他人を傷つけたり、他人に迷惑をかけたりする人が減る。そうして社会の秩序は保たれる。安心して暮らせる。法を守ろうという気持ちになる。

そこで、人を傷つけたり、迷惑をかける行為については、「刑罰」という強力な制裁を定めておくことが必要なんだ。

「刑罰」がなければ、きっと、今よりたくさんの犯罪が起きて、多くの人が被害にあい、悲しい思いをしてしまうだろう。

刑法が、犯罪行為を定め、それに対して「刑罰」というきびしい制裁を科しているのは、やった報いを受けさせるという矯正的正義を実現するとともに、犯罪を予防することにある。人の生命や身体、財産に対して害を加える犯罪行為について、「罰を与えるぞ」ということで、犯罪を抑止し、人の生命や身体、財産を守ろうとしているのだ。

人の生命や身体、財産といった刑法によって保護された利益を「法益《ほうえき》」と言うけれど、刑法の機能は、法益を保護するという「**法益保護機能**《ほうえきほごきのう》」にある。

刑罰は、国家、「国家権力」が、罪を犯した人に対して、科すものだ。刑罰を下すことができるのは、現代において、国家だけだ。国家が刑罰権を独占しているのだ。

では、どうして国家が、刑罰権を独占しているのだろう?

昔、国家がなく、また国家がきちんと罰を与えることができない時代では、力のあるものが力の弱いものを踏みにじったり、「やられたらやり返す」みたいな復讐や仕返しがたくさんあったりして、混乱した世の中だった。

でも、それでは、人々は安心して暮らせない。強い者が弱い者を虐げる弱肉強食の世界だ。力の弱い者ばかりが泣き寝入りする世の中になる。

そこで、市民は、武器を手放し、国家に力を集め、国家だけが刑罰権を持つことで、人々の間で、復讐や仕返しをしたりすることがないようにした。国家が、きちんと犯罪行為をした者を処罰することで、報復合戦や混乱がおさえられる。

国家権力というと、重々しい感じがするけど、その存在は、なくてはならないとても大切なものだ。

でも、刑罰というのは、自由を奪い、ときに命まで奪うとても強力な制裁だ。もしも、間違って違う人に罰を与えたり、重くしすぎたりすると大変なことになってしまう。国家権力は、必要な存在だけど、きちんと適切に行使されなければ、人々にとって、逆にとても怖い存在になってしまうのだ。実際、過去にも国家権力が濫用され、国民の権利自由が侵害されたことも多かった。

だから憲法は、国家権力が刑罰権を濫用しないように、適正手続、逮捕令状主義、弁護人依頼権、捜索令状主義、拷問・残虐な刑罰の禁止、自白強要の禁止等を定め、また「刑事訴訟法」という法律で、細かく手続について定め、警察官や検察官、裁判官はこの法律に従って、手続を進めなければならないとされているのだ。

こうして、刑法の目的は、法益を保護し、社会秩序を維持することにある。

でも、もう一つ重要な役割がある。罰せられる行為とそうでない行為を線引して、こういうことをやると犯罪として罰せられるけど、これ以外は自由だよと、自由を保障している役割もあるのだ。これを「**自由《じゆう》保障《ほしょう》機能《きのう》**」と言う。

何が犯罪行為としてしてはいけないのか、あらかじめわかっていないと、人々はいつ何かの罪を着せられて処罰されるかもわからず、安心して暮らすことができないよね。

何が犯罪であり、どの程度の刑罰が科せられているのかをあらかじめ法律で決めて、国民に告げていなければ、刑罰を下すことができないという考え方を「**罪刑法定主義**《ざいけいほうていしゅぎ》」と言う。法律で定められてはじめて「犯罪」となって、国家は処罰できるということだ。罪刑法定主義によって、あらかじめ何が犯罪なのかそうでないのかがわかって、国民は安心して活動することができる。

こうして、罪刑法定主義は、国民の自由を保障するとともに、社会秩序の維持にとって重要な考え方なのだ。

4　刑事手続

(1) いきなり「刑務所行き」にはできない

銀行強盗といった重大な罪を犯せば、警察に逮捕され、裁判にかけられて、いずれ刑務所に行くことになる、というのはわかるだろう。

どうして、こうなるかというと、法律でそのように定められているからだ。

強盗の場合、刑法で「暴行又は脅迫を用いて他人の財物を強取した者は、強盗の罪とし、5年以上の有期懲役に処する」と定められている。

この法律があるから、裁判官は、強盗の罪を犯したものに対して、「懲役5年」といった判決を下すことができる。

刑法は、刑罰を科すための根拠となる法律だ。刑法は、犯罪と刑罰を定めた法律だが、これだけで、国家が誰かを処罰することはできない。

警察官が、いきなり「君は人の物を盗んだから刑務所行きだ！」とすることはできない。誰が、どのような手順を経て、刑罰が科されるのかは、法律で細かく決めている。その法律に従って、刑法で定めた刑罰が実現される。

刑法等の刑罰法令を具体的に適用実現するための、警察官や検察官、裁判所といった関与者の一連の行動を決めている法を刑事手続法という。その中核が「**刑事訴訟法**」だ。

日本国憲法第31条は「何人も、法律の定める手続によらなければ、その生命若しくは自由を奪われ、又はその他の刑罰を科せられない」と定めている。

これは、法律の定めた手続を経なければ、刑罰は許されないという意味でもある。「**手続なければ刑罰なし**」ということだ。

どうして、こうなのかというと、刑罰というのは、国家が人に対して行う強烈な制裁だから、この刑罰を国家が、恣意的に人に与えてしまうと、刑罰を受けた人はたまったものではないし、周りの人もいつ国家に処罰されるかわからず不安で、落ち着いて暮らせなくなるからだ。

こうした国家による恣意的な刑罰権行使を抑制して、国民の基本的人権を保障するために、憲法は「法律」によって縛りをかけ、それにのっとって、刑罰権の行使を行うようにした。

刑事訴訟法第1条には、刑事訴訟法の目的が定められている。

「この法律は、刑事事件につき、公共の福祉の維持と個人の基本的人権の保障とを全うしつつ、事案の真相を明らかにし、刑罰法令を適正且つ迅速に適用実現することを目的とする」

刑事訴訟法は「**真相発見**《しんそうはっけん》」のみならず「**個人の基本的人権の保障**」を配慮して、手続を決めているし、このバランスを図りながら、警察官や検察官、裁判官は、手続を進めなければならないのだ。

刑罰法令の適用実現に向けて、刑事訴訟法にのっとって、様々な人が関与し動いていく。舞台は、裁判所だけではない。民事手続について定めた民事訴訟は、原告による訴えの提起から始まるけれど、刑事訴訟は、裁判の前に重要なプロセスがある。「**捜査**《そうさ》」だ。

刑事ドラマでは、警察官（刑事）が主人公だね。まず、ドラマの冒頭で、死体が発見される。ナイフで背後から刺されている他殺体だ。警察官が現場に駆けつけ、捜査が始まる。

警察は、現場を調べ、被害者の身元の特定、犯人が残した指紋や足跡を調べ、遺留品がないかを探索する。そして、被害者の人間関係や、目撃情報を調べて、犯人と疑われる人を割り出していく。

証拠が固まったら、逮捕状を請求して、逮捕する。あるいは、先に任意で事情聴取をして、本人が自白をしたら、逮捕状を請求して逮捕する。

刑事ドラマでは、容疑者を逮捕したところで、事件解決となる。しかし、実際はこの後の手続も重要だ。

警察官は、逮捕した被疑者から事情や言い分を聞く。「取り調べ」だ。取り調べたことは、供述調書という書類にまとめる。その書類は、裁判の証拠となるし（ならない場合もある）、検察官の取り調べや起訴するかどうかの判断材料となる。

警察は、逮捕してから24時間以内に、被疑者の身柄を記録一式とともに検察官に送る。検察官は、警察から送られた記録を確認し、被疑者から事情や言い分を聞いた上で、裁判にかけると判断したら起訴をする。

これまでの部分を「捜査」というが、刑事訴訟法は、警察官や検察官が、守るべき手続を定めている。

(2) なぜ、被疑者、被告人には黙秘権があるの？

被疑者には、警察官や検察官の取り調べに対して、言いたくないことを言わなくてよい、質問に対して答えなくてよい、黙ってよいという「**黙秘権**」が憲法で保障されている。

悪いことをしていない人なら、確かに黙秘権はわかるけど、本当は悪いことをしたのに、黙って質問に答えないのは、おかしいじゃないか、卑怯じゃないか、悪いことをしたなら、黙っていないで正直に話すべきだ、と君は思うかも知れないね。

では、なぜ憲法は罪を犯したと疑われている人に対して「黙秘権」という権利を認めたのだろう？

警察官や検察官は、この人が罪を犯しただろうと疑っているわけだから、そのことを裏付けようと自白をとる方向で取り調べをやる。「私がやりました」という自白は、犯行を裏付ける有力な証拠となる。さらに、もし他に被疑者の犯行を裏付ける有力な証拠がなければ、自白を必死にとろうとするだろう。

そこで、熱心な取り調べは、ときに被疑者に対して自白をするように圧力をかけることにもなりかねないんだ。

実際に、昔は、拷問をして喋らせることで、自白をとっていたこともあった。拷問するなんて重大な人権侵害だよね。

ここでもし黙秘権がないとすると、警察官は、「黙っていることは許されないぞ」と被疑者に圧力をかけて、自白を強要してしまうことになりかねない。

それに裁判官も被疑者が「私がやりました」と言っているのならば、本人がそう言っているから間違いないだろうと、あまりよく吟味せずに有罪判決を下してしまうかも知れない。

強要された自白のために、無実の人が有罪となって刑罰を受けてしまう「えん罪」事件になりかねないんだ。実際に、嘘の自白のために、罪を被ってしまった「えん罪」事件は、過去にいくつもあった。

つまり、自白強要は、それ自体が重大な人権侵害になるし、誤った裁判、えん罪の温床になるということで、憲法は「黙秘権」を保障したのだ。

それは、自白に頼らず、客観的な証拠によって犯罪の裏付けを求めているとも言える。

5 検察官の役割

刑事手続において、検察官（検事）は重要な役割を担《にな》っている。

警察官と検察官の違いはわかるかな。どちらも刑事手続に携わる公務員で、呼び方も似ているけれど、仕事の内容は大きく異なっている。

警察官は、事件が発覚後、容疑者を割り出して、逮捕し、取り調べ、証拠書類と被疑者の身柄を検察官に送致する。

検察官は、警察から送られた資料と被疑者の取り調べをふまえて、起訴する（裁判にかける）かどうかを判断することと、起訴した後の裁判で、公判手続を遂行して必要な処罰を求めるというのが主な仕事だ。前者が捜査担当検事、後者が公判担当検事と呼ばれて、大きな検察庁では、「捜査」と「公判」を別の検事が担当することも多い。

警察で逮捕した者が、すべて起訴され、有罪となるわけではない。逮捕された人であっても、警察の段階で、釈放ということもあるし、検察の段階で不起訴となることもある。

検察官は、警察から送られた記録一式をよく読んで、また自ら被疑者を取り調べた上で、あるいは検察自ら証拠となりそうなものを集めて、被疑者を、起訴するかどうかを判断する。

起訴することができるのは、原則として検察官だけだ。民事裁判では、誰でも訴えを起こして、原告となることができるけれど、刑事裁判では、検察官だけで、被害者や第三者が裁判を起こすことはできない。犯罪の被害をうけた人は、警察や検察に、犯人を裁判にかけて処罰してほしいと「告訴」をすることはできるけれど、それで検察が、必ず裁判にかけるとは限らないんだ。

検察官が、調べたところ、犯人ではないことがわかったり、疑いはあるけれど、証拠が不十分で裁判にかけても有罪とはならない可能性があれば、「**不起訴処分**」という起訴しない判断をする。

さらに、起訴すれば有罪になりそうな場合であっても、被害者との間で示談（示談金を払って、被害者に、寛大な処罰でも構わない旨の書面をとりかわす）が成立していたり、被疑者が深く反省したり、それほど重い罪でないような場合には、「**起訴猶予**」といって、起訴をしないこともある。

そこで、被疑者についた弁護士（弁護人）は、起訴されないように、被害者との間で示談をするために活動をして、検察官に報告をしたりする。

このように検察官には、起訴するかどうかの権限と裁量が与えられている。責任重大な仕事なんだね。

検察官が起訴した事件のほとんどが有罪となって、裁判官が無罪判決を出すことは、めったにないのが現実だ。

こうなっているわけは、検察官が、証拠からほぼ間違いなく有罪にできるという事件だけ、慎重に起訴しているからなんだよ。

6 弁護人の役割

法廷ドラマで、検察官と向かい合って座っているのが、弁護人だ。ドラマでは、検察官と弁護人が熱くやりあう場面が描かれるよね。刑事事件では、弁護士は「弁護人」と呼ばれる。刑事事件において弁護人は重要な役割を担っている。日本国憲法はわざわざ被疑者、被告人に「弁護人を選任する権利」を保障している。

これはどうしてだろうか？

刑事裁判は、起訴された人（被告人）が犯罪を行ったのかどうか、犯罪をした場合にはどのような刑罰を科すのがよいのかを決める裁判だ。例えば、殺人の罪で裁判になっている場合、被告が本当に殺人罪を犯したのかどうかを決め（有罪か無罪か）、有罪とされた場合に、どのような刑罰にするのか（量刑という。例えば懲役10年とか）を決める。

刑事裁判のやり方として、裁判所が主導的に証拠を集めて、判断をするという「**職権主義**《しょっけんしゅぎ》」と、当事者に主張や証拠提出をまかせて、裁判所は判断することに集中するという「**当事者主義**《とうじしゃしゅぎ》」というのがある。

刑事事件の当事者というのは、裁判にかけるのは検察官だったね。相手は、被告人となる。検察官と被告人が当事者だ。

江戸時代の裁き（「遠山の金さん」、「大岡越前」という時代劇を知っているかな）では、町奉行が、下手人を捕まえて、裁判にかけ、証拠を確認して、自らが裁判をしてしまうという「職権主義」的なやり方だったけれど、現在の日本の裁判は、証拠集めや提出は、当事者にまかせて、裁判所は、野球の審判のように中立の立場で判断するという「当事者主義」の体裁をとっている。

捜査する機関（警察）、起訴するかどうかを決める機関（検察）、判断する機関（裁判所）

を分けた方が、先入観なく公正な裁判ができるだろう。もし、捜査する人と裁判をする人が同じなら、「この人はやったな」という先入観をもって、有罪認定に流れてしまう危険性がある。

それに、裁判所の方で証拠を集めるより、当事者にまかせておいた方が、有罪を立証しようとする検察官は、一生懸命証拠を集めて提出するだろうし、反対の被告人側は、有罪でない証拠を出そうとするだろう。こうして真実発見にとっても証拠の提出や主張は当事者にまかせておいた方がよいという考え方からなのだ。

しかし、だ。当事者が対等ならば、そのままでもいいだろう。ところが、**検察官と被告人は、とても対等とはいえない。**検察は国家権力だ。検察自体の力はもとより警察の力もつかって、証拠を集めることができるし、法律の専門家でもある。他方で、被告人は、自分で証拠を集めることはまずできないし（身柄が拘束されていることも多い）、法律や裁判についてもよく分からない。黙秘権が保障されているといっても、警察官や検察官の厳しい取り調べを受けて、事実ではない不利なことを言ってしまう可能性もある。

それでは、無実の人を有罪にしてしまう可能性も高くなってしまう、被疑者や被告人の人権保障が守れないということで、刑事裁判で、検察官と闘えるようにするために、法や裁判の専門家の弁護人をつける権利を保障したのだ。

こうして、弁護人選任権は、被疑者や被告人にとって重要な権利であるし、弁護人の役割というのも重要だということがわかるだろう。弁護人をつけることは、被疑者や被告人が、自分の権利を守って、きちんと自分の言い分を述べて公正な裁判をしてもらうために、必要なことなんだ。

刑事裁判の法廷では、弁護人は、被告人の味方として、検察官と対峙して闘う。被告人の言い分を伝え、検察官が出した証拠を弾劾《だんがい》したり（弾劾とは、検察側の証人の証言の矛盾を指摘したりして、証言が証拠として価値がないとすること）、被告人に有利な証拠を出したりする。

7　無罪推定の原則～疑わしきは被告人の利益に

刑事裁判は、検察官が起訴することによってはじまる。

検察官は、起訴状を裁判所に送るのだ。起訴状には、被告人が犯したとされる犯罪行為が記されている。

検察官は、被告人が起訴状に書かれた犯罪行為を行ったことを、証拠によって証明し、裁判官に刑罰法規の適用を求める。

検察官が出した証拠を調べて、被告人が有罪か無罪かが決められる。証拠を調べてわかる場合はいいけれど、よくわからない、はっきりしない場合はどうなるのだろう。

証拠からすると半分くらい怪しいなとして、有罪にすることができるのだろうか？

ここで、刑事裁判の重要な原則を知ってほしい。**「無罪推定の原則」**「**疑わしきは被告人の利益に**」という大原則だ。

これは、検察側で、被告人が犯人であるということがまず間違いないだろうというレベル**（合理的な疑いを挟まない程度）**まで立証しなければならないということだ。そこまで立証しなければ、怪しくても、裁判所は「無罪判決」を出さなければならない。

被告人側・弁護側からすれば、被告人が犯人であることについて、無罪であることの立証までする必要はなく、合理的な疑いを差し挟むことに成功すれば「無罪」ということだ。

検察官側に、有罪であることの厳格な立証責任が負わされているということでもある。

なぜ、無罪推定の原則がとられているのだろう？　こんなに、処罰することのハードルを高くしたら真犯人を処罰できなくなってしまうのではないか？　そう思うかもしれないね。

真犯人をきちんと処罰することはもちろん大切だ。しかし、無実の人が間違って処罰されること（えん罪）は絶対にあってはならないと法は考えた。

刑罰は、刑務所に何年も閉じ込めておくことになったり、場合によっては、死刑もある。間違って死刑にされてしまったら、たまったものではないよね。それに、間違って処罰されるかもしれないというのは、その事件の被告人だけの問題ではない。国民の誰もがその可能性があるということだ。いつ間違って自分がそんな目にあうかもしれないと社会全体を不安にさせることにもなるだろう。

それに、被告人には弁護人がついているとはいえ、それでも強制的に証拠を集めたり、組織で闘える検察側が、被告人より圧倒的に有利で、これくらいの「ハンデ」がないと、検察側と被告人側でとても対等な闘いにはならないんだ。

警察も検察も慎重に捜査をして、検察は、この人は確かに罪を犯していると確信をもって、有罪となるものだけ、起訴をしているけれど、それでも間違ってしまう可能性はあるのだ。検察官も神様ではなく、人だからね。

8 もしも君が裁判員に選ばれたら〜裁判員として知っておきたいこと

（1） 裁判員とは？

平成21年5月に殺人罪や放火罪等の一定の重大事件に裁判員制度が導入された。裁判員というのは、刑事裁判に、裁判官と一緒に出席して、出された証拠に基づいて被告人が有罪か無罪かを決め、有罪だとしたらどのような刑にするかを裁判官と評議し、決める人だ。この制度によって、刑事裁判は、それまで裁判官が審理をして判決をしていたのが、法の専門家ではない一般市民が裁判に参加することになった。

裁判員は、選挙人名簿から抽選で選ばれる。つまり、いずれ君も裁判員に選ばれるかもしれないということだ（選挙権は18歳以上となったが、裁判員については、しばらくは20歳以上とされている）。

（2）裁判員になるまで

ある日、裁判所から、「あなたは裁判員候補者の名簿に搭載されました」という「裁判員候補者名簿への記載のお知らせ」が届く。ただ、これで裁判員になったわけではない。あくまで「候補者」だ。調査票も入っていて、就職禁止事由（法曹や自衛官等はなれない）や辞退事由が確認される。

その上で、絞り込みがなされる。そして、裁判員の対象となる事件ごとに、裁判員候補者名簿の中から、抽選で、その事件の候補者が選ばれ、裁判所に来てくださいとの通知がされる。そのときも質問用紙があって、この事件の審理に参加することについて差し障りがあるかを尋ねられるのだ。

そして、裁判所で、裁判官から事件との利害関係がないか、辞退を希望する場合にはその理由について確認される。

その上で、また、くじによって裁判員が決まる。裁判員に選ばれた人はもちろんのこと、選ばれなかった人にも日当は支給される。

(3) 裁判員として審理に立ち会う

(ア) 証拠に基づく事実認定

裁判員は、裁判官と一緒に、公判に立ち会う。

公判では、検察官が起訴状に書いてある公訴事実が、証拠によって認められるかどうかを審理する。

有罪であることの立証責任は、検察官にあること（無罪推定）、そして、その立証の程度は、**「合理的な疑いをいれない程度に確かなこと」**というハードルの高いものであることがポイントだ。

また、被告人が「公訴事実のとおりです」と検察官が起訴状に書いた事実を争わない場合であっても、裁判では、証拠によって公訴事実の認定がなされなければならないし（ここが民事裁判と大きく違う）、また自白調書だけで、公訴事実を認定することも許されない（自白の補強法則）。

刑事裁判で審理することは、検察官が起訴状に書いた公訴事実が、証拠によって認定できるかどうか、である。

「公訴事実←証拠」

この枠組をおさえることがとても大事だ。

そして、公訴事実は、すべて証拠によって認定される必要があるが、被告人が争う場合、その争う事実が何かによって、審理のポイントが変わってくる。

公訴事実を争う殺人事件の例を考えてみよう。

「被告人は、○年○月○日○時ころ、○○の路上で、Yの背中をナイフで刺して、Yを失血死させた」

殺人罪ならば、殺人罪を規定する条文が要求する事実（構成要件事実という）が、あるかないかを審理される。

殺人罪の場合は、刑法の条文を見ると「人を」「殺した」とある。「人を殺す」というように、事実を抽象的に書いてあるけれど、具体的なケースは、いろいろだろう。

殺されたのは具体的に誰かを特定しなければならない。殺すといっても、いろいろだろう。ナイフを使って突き刺したのか、拳銃で撃ったのか、高いところから突き落としたのか、殺害行為についても特定した事実を指摘する必要がある。

その特定された事実が、あったか、なかったか、証拠からその事実があったのかなかったのかを調べていくわけだ。

例えば、検察官が、犯行に使われた凶器のナイフを出す。そのナイフに、被害者Yの血液が付着していたDNA鑑定や被告人の指紋が検出されたという書類を出す。目撃者の供述調書や証言を出す。

こうした証拠から、被告人が、被害者Yを殺害したという事実が認められるかを認定していくのだ。

事実認定の際には、「こういう証拠があれば、普通はこうだろう」という推測（経験則）が用いられる。

ナイフに被告人の指紋が付着していれば、被告人がナイフを握っていたと推測される。ナイフに被害者の血液が付着していれば、そのナイフが被害者を殺した凶器に使われたと推測される。

窃盗罪の場合には、被告人を逮捕したときに、被害者が盗まれた直後に盗品を所持していたことから、被告人が盗んだのではないかと推測される。

社会通念（普通はこうだよね）という感覚をもとに、証拠から、ある事実が推認できるのだ。

証拠から事実を認定し、判断するという「**証《しょう》拠《こ》裁《さい》判《ばん》主《しゅ》義《ぎ》**」は、重要な原則だ。裁判というのは、証拠に基づいて、事実を認定し、法を適用して、判断を下す。

検察官が「被告人が犯罪者だ」と言っているからという意見をもとに、判断をすることは許されない。

裁判員になると、主に検察官が出した証拠によって、この裁判の公訴事実、特に被告人が「違う」と言っている事実が、十分に裏付けられているのかを、見極めていくことになるのだ。

検察官の意見（論告）は、証拠に基づいた意見でなければならない。検察官は、「公判廷○○で調べられた証拠からすれば、○○の事実は裏付けられている」といったパターンで、論証を重ね、公訴事実が認定されることをアピールしていくはずだ。

他方で、弁護人は、弁論で、証拠の信用性を争ったり（目撃証言はあいまいで信用できない、鑑定は信用できない）、出された証拠から事実認定には不十分といった意見を述べていく。

証拠→事実
証拠によって立証すべき事実は、公訴事実
公訴事実中、被告人が争っている事実、問題となる事実はどこか？
問題となる事実を裏付けるために、検察官はどのような証拠を出してきているか？

立証する側の検察官にとっては、「公訴事実が認定されること」が目標となる。

評議のときに、裁判長から、この刑事裁判では、どのような事実が重要な事実なのか、争いのある事実なのかの説明があるだろう。

そして、証拠による事実認定についての仕方について、レクチャーがあるだろう。

この枠組さえ与えられれば、法律のことをよくわからなくても、「証拠からどのような事実が認められるか」は、「普通、この証拠からすればこういう事実が認められるよね」といったことは、誰もがもっている感覚だし、市民のこうした感覚を活用しようとするのが裁判員制度のねらいでもあるから、事実認定ができるのだ。

とはいえ、「普通こうだよね」という感覚も人それぞれのこともある。証拠の評価、証言の信用性の評価が、裁判員によって違うこともあって、他の裁判員や裁判官であれこれと、話し合いながら、公訴事実が認められるかを決めていくのだと思うよ。

他の裁判員の意見を聞くことで、それまで自分が考えていたものとは別の証拠の見方や評価に気がついて「確かにそうだな」と変えることもあるだろう。

そして、自分の意見、自分なりの事実認定を他の裁判員に聞いてもらうのだ。

有罪か無罪かを決める場合、全員一致の結論を目指す。しかし、議論をつくしても全員一致とならないこともあるだろう。そのときは多数決によって有罪か無罪かを決める(評決)。

「**証拠に基づく事実認定**」というのが、裁判員をやるときのポイントになるから、覚えていてほしい。

○応用編　事実認定とは？

弁護士や裁判官、検察官といった法曹になるには、司法試験に合格しなければならないが、司法試験に合格するだけで、いきなり法曹になることはできない。司法研修所で経験豊富な裁判官、検察官、弁護士の教官から講義をうけ、判決書や起訴状、準備書面作成の訓練等、実務に必要なことを勉強する。また実務修習といって、全国各地の裁判所や検察庁、弁護士事務所に配属されて、現場での指導をうける。

こうした1年の司法修習を経て、多くの司法修習終了生は、弁護士や裁判官、検察官になる。この司法修習では、「事実認定」のやり方についてしっかり学ぶ。次のような感じだ。事例は司法研修所の副読本を参考にした。

この事例で、Aが犯人であると認定できるだろうか？

「Xが午後11時に新宿歌舞伎町を歩いていると、Aが、路地裏から飛び出してきた。XはAの右手に赤い血痕のようなものが付いていたのを見た。Aは、Xをちらっと見て、慌ててその場から走り去った。Aの行動を不審に思ったXが路地裏に入っていくと、Yが胸から血を流した状態で倒れていた。現場付近にサバイバルナイフが落ちており、その刃の部分に付着した血痕にAの指紋が付いていた。Aは、Yに100万円の借金をしていた。その後、Yは病院に運ばれたが医師によって死亡が確認された」

この事例を読んで、君は何を思うだろうか？　おそらくAがYの胸をサバイバルナイフで刺して殺したのではないかと思ったのではないかな。

どうしてそう思ったのだろう？　そう思う理由があるはずだ。読み進める前に、事例の中で出てきた具体的事実を取り出し、そこから何が推測できるのかを紙に書き出してみよう。

・Aの右手には、赤い血痕のようなものが付いていた。
↓赤い血痕のようなものは、Yの血痕と推定
Aが Yをナイフで刺したときに付着した血痕と推定
・現場付近にサバイバルナイフが落ちていて、その刃に付着した血痕にAの指紋が付いていた。
↓Aがそのナイフを用いて、Yの胸部を刺したと推定
・AがXを見て、慌てた様子で、走り去った。

↓Aが犯人でXに見つかってしまったから慌てて逃げたと推定
・AはYに100万円の借金をしていた。
↓金銭トラブルでYを殺害したのではと推定
こんな感じだろうか。確かにAが怪しいのは間違いない。
でも、これだけでAをY殺人の犯人と判断してよいだろうか？　推定の過程に問題がないだろうか。
今度は、君が弁護人になったつもりで、この推定が本当に正しいのか、別の推定ができないかをチェックしてみよう。同じように読み進める前に、できれば自分で考えて紙に書き出してみよう。

・Aの右手に、赤い血痕のようなものが付いていた。
↓赤い血痕のようなものは、Yの血痕と推定
AがYをナイフで指したときに付着した血痕と推定
→
しかし、赤い血痕のようなものは、Yの血液かどうかまだわからない。Aの血液かも知れないし、そもそも本当に血痕かどうかもまだわからない

・現場付近にサバイバルナイフが落ちていて、その刃に付着した血痕にAの指紋が付いていた。
↓AがそのサバイバルナイフをI用いて、Yの胸部を刺したと推定

→しかし、Aが刺したなら、ナイフの柄に指紋が残るのではないか。ナイフの柄ではなく刃に付いていたということは、何者かの犯行後にAがナイフの刃に触れたということではないか。

・AがXを見て、慌てた様子で走り去ったというXの供述。
↓Aが犯人だからと推定

→しかし、状況からAは、自分が疑われるのではないかと思い、Xに何もいわず立ち去ったのではないか。そもそもXの目撃供述は信用できるのか。

・AはYに100万円の借金をしていた。
↓金銭トラブルでYを殺害したのでは（殺害動機がある）と推定

→しかし、借金があることで、Yを殺害するとすることには論理に飛躍がある。

弁護側としては、次のようなストーリーを立てることもできるだろう。

「Aは、Yに呼び出されて、路地に向かった。ところが、Yが胸部から血を流した状態で、路上に倒れており、近くにサバイバルナイフが落ちていた。何だろうと思って、そのナイフの刃をAは持った。Yが死んでいると思ったAは、自分はYから借金をしていることから、犯人に疑われるかもしれないと、慌ててその場を立ち去ろうとした。そのときXと目があったが、Xに犯人だと怪しまれては困るので、そのまま立ち去った」

こんなストーリーでも、先の事実と両立する。

どうだろう、推定の過程を「本当にそうか？　別の可能性もあるのではないか」と別の角度からよく検討してみると、いろいろなことに気がつくだろう。

法曹の仕事では、この多角的な視点がとても大切だが、社会に生きる上でも重要なことでもあるから、君たちにもぜひ意識して身につけて欲しい。

ある話を聞いて、「たぶんこうだろうな」という直感を抱いたとしても、「本当にそうかな？」「どうしてそのような判断をしたのかな？」「別の可能性はないかな」と検証する癖をつけてほしい。検証した結果、最初に思ったことが違うと気づくこともあるはずだ。

これを習慣化することによって、柔軟にものごとを考えることができるようになるし、安易に誰かの話をうのみにして、騙されることもないはずだ。

（イ）量刑～被告人に言い渡す刑をどうするか？

有罪と決まった後、具体的にどのような刑を被告人に科すのかを、裁判官、他の裁判員と話し合って決める。

例えば、殺人罪の場合、刑法では「死刑又は無期若しくは5年以上の懲役」とあるが、この裁判の被告人に対して、死刑にするのか、無期懲役にするのか有期懲役にするのか、有期懲役として何年にするのかを決める。これを「**量刑**《りょうけい》」という。

殺人罪といっても、懲役5年と死刑とでは大違いだ。同じ懲役刑でも無期と5年と幅がある。

量刑については、公訴事実に争いがある否認事件で有罪認定された場合でも、争いのない自白事件でも、検討する必要がある。

実際には、自白事件がほとんどだから、裁判員が行うことは、被告人に科す刑をどうするかを考えて、話し合って、判断することにある。

自白事件でも証拠に基づいてどのような事実が認められるかが重要だ。殺人をしたことに間違いがなくても、いろいろな殺人があるだろう。

同じ殺人の場合であっても、例えば、被告人が、むしゃくしゃして、通り魔殺人を犯した場合と、妻が夫の酷い暴力に耐えかねて、夫を殺してしまった場合とでは、同じ刑にするのは何か違うと思うだろう。

また、人を殺しておきながら、何も反省せず、遺族に謝罪をせずにふてくされている人と、深く反省して、遺族に対する償いもしようとしている被告人とでもやはり刑が同じだとおかしいだろう。

検察側は、被害者に証言をしてもらったり、犯行態様の悪質さを指摘して、厳しい刑罰がなされるよう求める。

これに対して、弁護側は、被害者に謝罪金を支払ったことや被告人の謝罪、反省を法廷に出させて、寛大な処分を求める。これを情状立証という。

起訴状記載の公訴事実については争いがないけれども、量刑に影響を与える事実を、裁判官や裁判員に見てもらおうとしているのだ。

情状の場面でも「意見←事実←証拠」、すなわち証拠に基づく事実をふまえて意見がなされているのだ。

裁判員になれば、自分の判断によって被告人の処罰が決まるという重い決断が迫られる。場合によっては、死刑が問題となる事件もある。

もし将来君が裁判員に選ばれたら、尻込みをしてしまうかもしれないが、貴重な体験になるから、ぜひチャレンジしてほしい。

第4章

大人になる前に知っておきたい契約・損害賠償のこと

～契約、市民生活に関する法

契約をするときは、契約の内容をよく確認して、契約をすることだ。

その契約が、君にどんな権利を与え、そしてどのような義務を負わせるのかを、よく確認することだ。

1　契約って何？

法って、自分とは関係がなさそうだけれども、実は関係している。今、君の目の前には何が見えるだろうか。

鉛筆や消しゴム、参考書、パソコン、ゲームやゲームソフト。君がお小遣いの中からお金を出して買ったものもあれば、お父さんやお母さんに買ってもらったもの、誰かからもらったものもあるだろう。

手に持っている鉛筆は、君が作ったものではないよね。きっと、誰かが作ったものを、お金を出して買うことで、今君のものになっている。

つまり、お金を払って物を買うという「**売買契約**」という契約があったから、今君のものになっている。お金を払って、鉛筆を買う。お店の人にしてみれば、鉛筆を売って、お金をもらう。

君は、いずれ社会人として、どこかの会社に就職し、会社から給料をもらうことだろう。そこには「**労働契約**」という契約が存在することになる。仕事をして、そのかわりに給料をもらう。会社にしてみれば、君に働いてもらって、そのかわりに給料を支払う。

ここで、君と誰かとの間で「**価値の交換**」がなされていることに気がつかないか。

契約をつうじて、人は、自分が持っていない物を手に入れることができる。お金を支払うことで、自分一人ではとてもできないことができるのだ。

新幹線は時速300キロというもの凄い速さで走るけれど、君は、運賃を支払うことで、新幹線に乗ることができる。

新幹線を一人で作って走らせることなんて無理だけれど、他の人の力を借りることで、こんな凄い乗り物にも乗ることができるんだ。

昨日の晩ごはんは何を食べたかな？　とんかつだとしよう。おかずには、とんかつの他に、千切りキャベツがあり、しじみ入りの味噌汁、納豆に、漬物がある。

いつも当たり前のように、ご飯を食べているけれど、ご飯の材料だって、とても自分ひとりでは、手に入れることはできない。たくさんの人が、契約をとおして、価値交換をした結果として、君はとんかつを食べることができているはずだ。

「料理なら、自分ひとりでできるよ！」

そういう人もいるかも知れない。

なるほど。でもお肉って君が作ったものかな？　キャベツは君が育てたものかな？　お肉は、お母さんが、スーパーで買ってきて料理したものだ。

お母さんは、スーパーにお金を払って豚肉を買ったのだけれども、スーパーが、豚を育てていたわけではなく、スーパーもまた誰かから豚肉を買ったはずだ。

おそらく、実際に豚を育てていた人まで、たどり着くためには、いくつもの契約があったはずだ。

多くの「契約＝価値交換」を経て、ようやく君が美味しいとんかつを食べることができるのだ。

誰かに対してお金を払うということは、その物やサービスに価値を見出して、お金を払うということだ。逆に、君が誰かからお金をもらうということは、そのお金に見合う物やサービスといった価値を与えているからだ。

契約というのは、価値を交換しようという約束だ。**契約をつうじて自分が持っていない価値を手に入れることができる。**そして大抵の契約はお金が介在する。

お金がない時代は、Aさんが海で釣ってきた魚とBさんが山で採ってきた木の実を交換するような、物と物とを入れ替える交換だった。物々交換だね。

お金に価値が与えられることで、魚を買うためにAさんが魚の交換に応じてくれる物をどこからか探し出してきたり、作ったりする必要がなくなり、お金を出せばよくなった。これは実に便利なことだ。Aさんとしても、腐りやすい魚をお金に変えることで、価値をためておけることができるようになった。

お金を持っていれば、後で何かを買うことができるし、サービスを受けることもできる。国が、この紙には1万円の価値があるという信用を与えて、みんながそれを信頼しているからその1万円札で、何かを買うことができるし、サービスを受けることができる。

契約にお金を介在させることによって、働いてお金を得て、そのお金で生活に必要なもの、生活をより豊かにするための物やサービスを手に入れることができる。

契約というのは、相手との約束を本質としている。例えば、コンビニで100円のおにぎりを買うというのは、おにぎり1個を買います、100円を支払います、という約束だ。お店のレジに、おにぎり1個を持ってきて、店員さんがバーコードに「ピッ」としたときにお店との間で、

自分）100円を支払います

お店）おにぎり1個を売ります

という約束ができて、すぐにそのとおり、君は100円を支払う。

売買契約が発生し、そのときに、君には、100円を支払う義務が発生し、お店はおにぎり1個を渡す義務が発生する。

逆に言うと、君にはおにぎり1個を渡してくださいという権利が発生し、お店の人は君に100円を払ってくださいという権利が発生し、そして、100円とおにぎりが交換される

ことで、お互いの権利や義務は、契約の目的を達成して消滅することになる。

権利とか義務とか、難しい言葉が出てきた。

売買契約によって、売主には、物を引き渡す義務が発生して、かわりに代金を支払うよう求める権利が発生する。

買い主には、お金を支払う義務が発生して、かわりに買った物を渡すように求める権利が発生する。

売主	売った物の代金を払ってください＝「売買代金請求権」	→
買主	買った物を渡してください＝「目的物引渡請求権」	←

権利は、誰かに何かをしてもらうもの、義務は、誰かに対して何かをしなければならないものと、とりあえず理解しておこう。

権利と義務は裏腹の関係にあることに気がつくだろう。売主からすると「売買代金を支払って」というのは権利だし、買主側からするとそれは「代金を支払わなければならない」という義務になる。

ややこしくなるので、権利を中心に考えることにする。ただ、相手にとってみればそれが義務になることは念頭においておこう。

契約というのは、約束を本質にしているけれど、特別な約束だ。約束の結果、相手との間で、法的に保護される権利が発生するものだ。

君が友人と、一緒に映画を見に行くことになって、8月10日の10時に渋谷駅のハチ公前で待ち合わせをしようということになった。これも約束の一つだが、これは法的な権利義務を発生させるものではない。友達が寝坊して待ち合わせに来なかったからといって、君は友人に文句の一つも言いたいところだが、損賠賠償とかの話ではない。

「法的に保護される権利」というのは、相手が約束を守らないときに、裁判所の手続きを経て、国家権力の力を使って**強制的に約束を守らせることができる**ということだ。あるいは、約束を守らないことに対して損害賠償金を支払えというペナルティを科すことができるということだ。「強制的に」というのは、相手が持っている財産を差し押さえて、そこからお金を取ることができるという意味だ。すごい力だね。

法的に保護される権利には、このように強い力が与えられているので、その約束をした者は、普通は約束を守ろうとするし、多くは守られることだろう。

約束を守ってくれるという信頼があると、取引もやりやすくなる。約束を守ってくれるという信頼によって、取引は活発になり、価値の交換が進んで、人々は豊かになっていく。

もちろん、法的に保護された権利義務を発生させる約束でなくても、自分で約束したことだし、約束を守らないことは気持ちが悪いし、相手に迷惑がかかるので、守ろうとはするだろう。そういった信頼関係、相手に迷惑をかけないという気持ちは大切だ。

ただ、世の中いろいろな人がいて、約束を守らないことにあまり抵抗がなくて、簡単に約束を守らない人もいるかも知れない。特に、初めて契約するときには、相手がどんな人かはよくわからないから、不安だよね。

約束をするときに、お金を払うという義務を負うことになるときに、本当に相手が物やサービスを提供してくれるのか不安だったら、契約をしないだろう。

相手がちゃんとお金に見合う物やサービスをくれるだろうと信頼しているからこそ、お金を払う約束をしているはずだ。

だからこそ、安心して物を買うことができる。

これを「**取引《とりひき》の安全《あんぜん》**」という。取引というのは契約をすること、価値を交換することだから、安心して契約、価値を交換することができるという意味でもある。

取引の安全が保護されていると、安心して取引（価値の交換）にのぞむことができるから、取引が活発になる。

そうなると、活発に、自分にないものを、お金を介在させて、手に入れることができるし、サービスも受けることができる。会社や事業をやる人は、収入を多くあげることができて、経済が活性化するだろう。そうして社会は豊かに、個人の暮らしも豊かになっていく。

「取引の安全」はとても大切な価値だから、法は保護しているんだ。

もし、あるバイクが欲しくてお金を払ったのに、お店がちゃんとそのバイクを渡してくれなかったら、もう二度とそんなお店から何かを買おうとはしないだろう。信用がなくなったからだ。そんなお店ばかりになったら、お店から何かを買うことも怖くて、あまりできなくなるだろう。みんな疑心暗鬼になって、取引（価値の交換）をしなくなる。

法的に保護される権利を発生させるということは、相手からするとちゃんと履行しなければ、強制的に履行させられる強い義務を背負うことになる。

コンビニで１００円のおにぎりを買うことは、１００円を払うことはどうってことないから、プレッシャーを感じることもないだろうが、例えば、30万円で、パソコンを買うとするとどうだろうか。30万円も払う義務を負うのだから、本当にいいパソコンなのかを吟味するだろうし、契約をすることに慎重になるはずだ。

君が大人になって給料をもらったりするようになると、例えば２００万円もする自動車とか、とても高額なものを買おうとすることもあるだろう。

買うということは、200万円の支払義務を負うということだ。ちゃんと200万円を支払えるのか、その価値に見合った買い物なのかをよくよく吟味する必要がある。

先に契約は約束を本質としていると言ったね。

約束とは、お互いで合意をしていることだ。合意というのは、自分の意思と相手の意思が合致しているということだ。

お店の人（100円であんパン1個を売ります）、君（100円払ってあんパン1個買います）と、特定の価値の移転について、意思が合っているということだ。

お店（売主）→ 売ります
買います ← 君（買主）

いったん約束をした以上、その約束は守らなければならない。その感覚はわかるだろう。

なぜ約束は守らなければならないかといえば、自分から「○○をする」と言ったからだ。

そして、そのことを相手が信頼するからだ。

約束は守らなければならない、というのは「だって自分でそうするっていったでしょう」

だからだ。自分で買うという約束をしたその意思が、義務を発生させる根拠になる。

契約するということは、誰かに何かをしてもらうという権利を発生させる一方で、誰かに対して何かをしなければならないという義務を発生させるものだ。例えば、君がコンビニで100円の鮭おにぎりを買ったならば、おにぎりを渡してと言える権利が発生する一方で、100円を支払わなければならないという義務もまた発生する。

ある意味、契約というのは、自分に義務を発生させ、自分を縛るものにもなる。その縛る根拠というのは、自分の意思で約束をしたことだ。

自分で決めたことだから、そのとおりやってくれというのは当然だろう。ところが、別の誰かとか、国家が強制的に決めたことだったら、本人が嫌でも義務を負わせるというのは酷だろう。

例えば、お腹が空いていて、おにぎりを食べたい人に、無理やりパンを買わせ、100円を払えと義務を負わせるのは、おかしいだろう。

契約には「**契約自由の原則**」という大原則がある。これは、契約しない自由も含めて、誰と契約をするのか、どんな内容の契約をするのかが、契約当事者同士の意思に基づいて自由に決めることができるという原則だ。

この契約自由の原則があるからこそ、自分が決めた契約、約束について「しっかり守ってよ」と言えるし、守ろうとするのだ。守らないときには、強制力を働かせて、義務の履行を迫ったり、ペナルティを科す根拠となる。

契約は、お互いの合意によって成立する。契約書が必要だとは限らない。契約の中身も当事者によって決められる。この鮭おにぎり1個100円を、売る、買うという場合は単純だけれども、複雑な契約もある。

今、君は親と一緒に暮らしているかも知れないが、いつか一人暮らしをするときが来るかも知れない。そのとき、いきなりマンションや家を買うのではなく、大抵の人は、アパートや賃貸マンションを借りるだろう。

一定の賃料を毎月支払って、大家さんはそのアパートを貸してくれるという契約だ。これを「**賃貸借契約**《ちんたいしゃくけいやく》」と言う。

賃借人　家賃を払う　→　大家（賃貸人）
賃借人　←　アパートを貸す　大家（賃貸人）

この賃貸借契約では、どの部屋を（例えば203号室）、毎月いくらの賃料で貸すか（例えば月5万円）、いつからいつまで貸すのか（例えば令和元年12月から令和3年11月まで）といったことに加えて、中途解約のときはどうする、契約更新のときはどうする、ペット飼育は可なのか、何をしたら契約違反なのか等が、細かに決められる。

ほとんどの場合は、大家さんが用意した契約条項について、確認されるのだが、納得がいかなければ、内容を変更するように言ってもよいし、そもそも契約をしないという選択肢も君にはある。

例えば、君がハムスターを部屋で飼いたいと思って、条項ではペット禁止となっているけれど、大家さんと交渉をして、大家さんがハムスターだけはＯＫというならば、ハムスターだけは可とする、というように契約内容を変えることもできるのだ。

契約の基礎は、当事者の意思だから、当事者が合意するならば、その契約内容をどのように変えることも自由なんだね。

契約をする場合には、契約内容がどのようなものになっているのかをよく確認する必要がある。契約書に署名して、印鑑を押すということは、契約書に書いてある契約内容について合意したと見なされることになる。後から、よく読んでなくて知らなかった、こんな合意をした覚えはないというのは、なかなか通らないから注意が必要だ。

契約書を読んで、わからないところがあれば、相手に質問をしてもいいし、変えてほしいところがあれば、先程のペットの例のように、言ってみてもいいだろう。相手がＯＫなら契約内容は自由に変えられるのだから、とりあえず言ってみるという姿勢が大切だ。いけないのは、ペット飼育がいいのかだめなのかを確認しないまま、大丈夫だろうと思って、ペットを飼ってしまうことだ。後で、大家さんから約束を破ったとして、出ていってほしいとか、損害賠償だとか言われかねない。

契約をするということは、権利を持つとともに義務を負うことでもある。**契約には拘束力がある**。いったん契約すると、その契約に縛られるということだ。自分勝手に契約を無視して、代金や賃料を支払わないということが許されなくなる。

そこで、大切なことは、**契約をするときは、契約の内容をよく確認して、契約をすること**だ。その契約が、君にどんな権利を与え、そしてどのような義務を負わせるのかを、よく確認することだ。契約書をよく読んで、わからないところがあれば、質問をしてみる。説明を聞いて、引っかかるところがあれば、すぐそこでサインをしてしまうのではなくて、持ち帰って親や場合によっては、弁護士に相談してみよう。

契約のポイント

①契約をするときは慎重に。

②契約の内容は、変えることができる。相手と交渉してみよう。

③契約の拘束力にも例外がある。悪徳業者は「契約の拘束力」をたてにお金を払わせることが多いので注意。

2　どんな契約も守らないといけないの?

(1) 契約の拘束力にも例外がある

契約には拘束力がある。だから契約をするときは、慎重にしなければならないということだった。

では、どんな契約でも一旦契約した以上は守らなければならないのだろうか?

例えば、君の家に訪問販売員がやってきて、英会話の通信講座(受講料100万円)を勧められた。販売員のたくみなトークにのせられて君は契約書にサインをしてしまった。しかし、冷静になってみると金額が高いのでやはり解約をしたい。

このとき契約してしまった以上、君は100万円を支払うしかないのだろうか? 契約をして義務を負ってしまった以上、契約の拘束力から逃れることはできないのだろうか?

実は、「悪徳業者」は、この「契約の拘束力」をたてに、お金をとろうとすることが多い。

君が、電話をかけて、業者に解約をしたいと言うと、悪徳業者ならばこんなことを言ってくる。

「はあ？　解約をしたいだと。いったん契約した以上、その約束を守れ！　契約を解除したければ、違約金として１００万円を支払え！」

このようにすごんで、お金を取ろうとするのだ。このとき、確かに自分は契約をしてしまったし、契約書の中には、違約金のことが書いてあるから、諦めてお金を払うしかないのかなと思う人もいるだろう。

しかし、ここで諦めないでほしい。

「契約の拘束力」も絶対的なものではなく、例外はある。つまり、違約金を払うこともなく、解約できることもあるんだ。特に、なんだか無理やり買わされてしまったなと感じるようであれば、解約できる可能性は高い。

(2) 契約を解約できる場合

契約に関する基本的なことは、「民法」という法律で決められている。その民法の中に、契約を解約できる場合についていくつか定めている。

1）未成年者取消権

未成年者であれば、契約を取り消すことができる。これは、未成年者を保護しようとする規定だ。

何歳から成人になると思う？　現在の民法は20歳としているが、民法が改正されて、令和4年4月1日から、**18歳**になることが決まっている。

この未成年者取消権は、契約の拘束力から逃れるための強力な武器だ。契約したときに、ただ未成年者であるというだけで、契約に至るプロセスや契約内容がちゃんとしたものであっても、取消ができる。悪徳業者としても、未成年者を相手にすると無条件で取り消されるリスクがあるので、未成年者を避ける傾向にあったんだ。狙いやすいのは、成人になったばかりの若者だった。

ところが、これからは18歳が成年となって、18歳以上は、未成年者取消権を使うことができなくなる。

だから、悪徳業者も18歳や19歳の若者に目をつけて、物やサービスを売りつけてお金を引き出そうとするだろう。

そこで、君が、未成年者取消権の保護を受けることができない年齢になったならば、契約をするときは、より一層よく考えて契約をする必要があるんだ。

2）詐欺取消、強迫取消

契約の拘束力というのは、契約が当事者の自由意思に基づいて行われることを前提としている。もしその意思が「だまされた」とか「強迫された」とかであれば、そんな意思に拘束力を認めるのは、おかしいだろう。そこで、民法には、詐欺取消《さぎとりけし》や強迫取消《きょうはくとりけし》ができると定められている。

3）債務不履行契約解除

相手が契約で決めた約束を守ってくれない場合には、契約の解除ができる場合がある。契約によって負担した義務を「債務《さいむ》」という。売主の債務は、商品を引き渡すことで、買主の債務は売買代金を支払うことだ。

約束どおり行動することを「履行《りこう》」といい、約束どおりのことができないことを「債務不《さいむふ》履行《りこう》」という。

例えば、君が自転車を購入したときに、自転車屋が、約束を守らずに自転車を渡してくれない場合には、自転車屋に「債務不履行」がある。

そういう場合に、君が代金を支払うことに拘束されるのは不公平だから、契約を解除して、契約をなかったことにすることができる。

4）合意解約

契約は、当事者の意思表示の合致（売ります、買います）で成立すると言ったけれど、合意によって契約を解消することもできる。また当事者の合意があれば、契約内容を変更することもできる。

当事者の合意があれば、契約を交わすことも、変えることも、解約してしまうこともできるわけだ。

契約した以上は、解約することは無理だと思い込まないで、とりあえず解約を頼んでみることも大切だ。そうすれば、相手がすんなりＯＫと言ってくれるかも知れない。

相手から「契約の拘束力」を言われたときには、諦めてお金を払う前に、何か解消の手段がないかを考えてみる。

ただ、悪徳業者の場合には、話し合いは無駄なことも多いので、最初から、「未成年者取消」「詐欺取消」、あとで説明する「クーリングオフ」という手段によって、契約を解消するのがいいだろう。

5）クーリングオフ

以上のように、民法には、契約を解消するルールが決められている。悪徳業者と結んだ契約で、契約を解消したい場合には、この手段で対抗できる場合もあるだろう。

しかし、未成年者ではなく、詐欺、強迫とまでは言えないような場合は、どうすればいいだろうか。

営業トークに乗せられて、つい契約書にサインをしてしまったということもある。業者は、ある意味、物を買わせるプロだ。

民法の手段で解約が言えない場合に、「契約の拘束力」を認めてお金を払うしかないとすると、多くの人は、悪徳業者のカモになってしまう。

契約というのは、当事者の自由意思に基づいて行われることを前提としている。当事者が対等で、契約をするかしないか、誰と契約をするのか、どんな内容の契約にするかが自由であることを前提としている。

ところが、会社（事業者）は、物を多数の人に繰り返し販売して、利益を出しているのだから、物を販売するための情報も、交渉力も、お金も持っている。これに対して、物を買う人（消費者と呼ばれる）は、会社に比べて、情報量も交渉力も持ち合わせていない。つまり、対等ではない。対等ではないところで、形式的に「契約の拘束力」をそのままにしておくと、悪質な業者によって、消費者がお金を巻き上げられるという被害が起きてしまうのだ。

そこで、国は、「消費者契約法」や「特定商取引法」という法律を定めて、消費者被害を防止するため、**「契約の拘束力」の例外**をもうけた。要するに、消費者が、比較的簡単に契約の拘束力から逃れることができるようにした。

君は、**「クーリングオフ」**という言葉を聞いたことがないかな？　クーリングオフとは、一定の取引、例えば、訪問販売、電話勧誘販売等については、消費者は、契約書を受け取った日から一定の期間（8日間等）は、**無条件で解約ができる**という制度だ。「cooling-off」というように、頭を冷やしてよく考えて、リセットできるということだ。

クーリングオフは、業者に対して、何の契約かを特定して、「クーリングオフをします」というだけでよい。ただ、証拠に残しておくために「内容証明郵便」で出しておくと安心だ。どんな場合にクーリングオフができるのか、それ以外の契約解消手段があるのかは、難しいところもあるので、消費生活センターや弁護士に相談しよう。業者の要求のとおりにお金を払ってはいけない。クーリングオフには、期間制限はあるが、契約してからかなり時間が経っている場合でもできる場合がある。諦めないで業者にお金を払う前に相談をしてみよう。

悪徳業者は、あの手この手をつかって、お金を出させようとする。契約をしてしまった後も、お金を支払う前なら、まだ間に合う。いったんお金を渡してしまうと、そのお金を取り戻すのは、難しくなる。だから、お金を出す前に、相談してほしい。

いくつか、悪徳商法のよくある手口と対策を紹介しよう。

3　悪徳商法のよくある手口と対処法

（1）ワンクリック詐欺

サイトや電子メールに記載されたＵＲＬをクリックしたら、一方的に「ご登録ありがとうございます」「入会ありがとうございます」と、契約が成立したかのような画面が出て、多額の料金の支払いを求めてくる。

料金請求の際には、携帯電話の個体識別番号やＩＰアドレスを表示させ、利用者の個人が特定されたように見せかける。不安に思って問い合わせすると、業者に個人情報を把握され、期限内に支払わない場合、延滞料が加算される、法的措置をとるぞといった脅迫的な内容で、利用者は支払いを迫られる。

対処法

「ご登録ありがとうございます」という画面が出ても、無視しておけばいい。不用意にクリックしただけで、契約は成立していない。電子消費者契約法という法律で、確認場面が設けられていない場合は、無効を主張できる。

まずいのは、慌てて相手に連絡をとってしまうことだ。個人情報を聞き出されて、請求書や取り立ての電話がくることになる。もし業者がうるさいようであれば、消費生活センターや弁護士に相談しよう。

(2)デート商法

異性への恋愛感情を利用して高額な商品やサービスの契約を締結させる商法だ。

例えば、A君はSNSを通じて、B子さんという女性と知り合った。デートを何回か重ねて、B子さんから、指輪を買うようにねだられた。B子さんにお店につれていかれ、店員から100万円の指輪を薦められた。とても高くて買えないと断るが、帰りたくても帰してもらえない状況となり、クレジット契約書にサインをした。その後、B子さんと連絡がとれなくなった……。

対処法

交際していると思っているから、デート商法だとは気が付かないことが多い。こういう商法があることを知識として、知っておこう。近づいてくる異性は、イケメンや美人が多い。目的は、何かを買わせてお金を出させることだから、高額な何かを買わせようとしたら怪しいと思って、契約をしないようにする。契約をしてしまった後も、クーリングオフが使えることもある。お金を払う前に、消費生活センターや弁護士に相談しよう。

（3）マルチ商法

マルチ商法とは、会員が新しい会員を誘い、その新しい会員がさらに別の会員を勧誘するという連鎖によって、組織を拡大する販売形態で、正式には連鎖販売取引という。勧誘されるときには「ネットワークビジネス」と言われることもある。

例えば、学生時代の友人から「健康食品を買って、友達に会員になってもらって商品を買ってもらうだけで、いい収入になる」と誘われて、会員になった。健康食品代50万円を払うクレジット契約書にサインをして、健康食品が届いた。友人に会員になるように誘ったが、誰も会員になってくれなかった。しつこく誘ったので、友人からも嫌われてしまった。

対処法

勧誘される場合には、「いいアルバイトがある」「いい収入になる」と誘われるが、世の中、楽に儲かるということはない。「楽に儲ける」という話は、怪しいと思っておいた方がよい。友達からの誘いであっても、悪徳商法の可能性を疑って、きっぱり断る。「楽な儲け話」にのっかってしまうと、お金はなくなるし、友達はなくしてしまってろくなことにはならない。

もし契約してしまった場合でも、マルチ商法は、特定商取引法で、厳しく規制されているから、クーリングオフや中途解約ができるし、契約の取消ができることもある。やはり、消費生活センターや弁護士に相談しよう。

このように悪徳商法には、いろいろなバリエーションがあるけれど、根っこのところでは、「契約しただろう、契約した以上は契約のとおりに代金を払え」と「契約の拘束力」を悪用しているパターンがほとんどだ。「確かに、自分は買うと言ってしまった以上、もう買うしかないのかな」という心理をついてくるのだ。

しかし、その「契約の拘束力」は、絶対ではなく、多くのケースで例外があるということを知っておこう。そして、何より、相手がむりやり売りつけているような場合には契約をしないことが一番だ。

4　借金を返せなくなったらどうなる？

(1) お金を借りることの意味

業者は、商品を買ってほしくて、広告で商品の魅力を、実にうまく宣伝している。テレビのCMを見ていたら、ついつい欲しくなることってあるだろう。

欲しいなあと思ったものを、次から次に買っていたら、あっという間に、君のお金はなくなってしまうことになる。特にクレジットカードは要注意だ。君もいつかクレジットカードを持つようになるだろう。クレジットカードは、手元に現金がなくても物を買うことができて便利だけれども、お金を借りているようなものなので注意しなければならない。手元からお金が出ていくわけではないので、つい余計なものや高いものも買ってしまいがちになりやすい。

それにリボルビング払いだと、しっかり利息もついてくる。カードを使いすぎて、カードの支払いのために本当に必要な生活費（電気代や水道代といった光熱費や食費、家賃等）が支払えなくなってしまうかも知れない。

自分の収入をふまえて、必要な生活費にいくらかかるのかを確認して、お金は使わなければならない。

請求されたお金を支払えなくなったらどうするか？

もし、家賃が払えなかったら、大家さんに出ていってくれといわれてしまうので、借金をするだろう。親に援助をたのむかもしれない。仕事をして収入があれば、銀行や消費者金融会社は、お金を貸してくれるだろう。一時のピンチをしのぐためには、それもいいだろう。

しかし、お金を借りることの意味を知っておかないと、いつのまにかたくさんの借金を抱える**多重債務者**になっているかも知れない。

お金を借りることができるというのは、便利なことだ。給料日前で、財布の中にお金がなくても、お金を借りることによって、食事をすることもできるし、家賃も支払うことができる。

高い物（例えば自動車）でも、お金を借りて分割払（ローン）にすることで、今お金がなくても、自動車を買って、利用することができる。

しかし、お金を借りるということは、期限がくれば返さなければならないという義務を負うことだ。それも借りたお金の金額そのままではなくて、決められた利息をつけて、返さなければならない。例えば、100万円借りて、利息が年15%なら、1年後には、115万円を返済しなければならない。銀行や消費者金融業者は、利息をとることで、利益を得ているから、利息をつけた上で、さらにきちんと返して欲しいから期限までに支払わないと遅延損害金というペナルティをつけて貸している。

利息というのは、いつの間にか膨らんでいるもので、自分として毎月がんばって返済しているつもりであっても、利息分の支払いにあてられ、元金自体は、あまり減らないということだってある。

収入が増えるということは、なかなかないから、これまで借りた分の返済をしなければならないために、生活費が足らなくなって、また借入をしてしまうというループにハマってしまうこともある。こうしていつのまにか、多くの業者から、たくさんの借金をしている多重債務者となってしまう。

（2）友達から「保証人」になってと頼まれたら

自分がお金を借りたわけではないのに、借金を背負うこともある。保証人だ。

誰かの保証人になっていたために、その誰かが破産や夜逃げをしたために、自分自身も破産をしなければならないこともある。

自分が借りて使ったわけでもないのに、返せない人の代わりに、返す義務を負う。保証人になるということも保証契約という契約の一つだ。

「保証人」というのは、お金を借りた人が払えなくなったら、その人の代わりに借金を払わなければならない義務を負う人だ。

ある日、お店を経営している学生時代の友達が、君に対して、「絶対に、迷惑をかけないから、保証人になってほしい」と両手をあわせて頼んできたとする。

君は、友達がこうして必死に頼んできているし、友達は絶対に迷惑をかけないと言っているから、大丈夫だろうと思って、友達が貸金業者から借りた１０００万円の保証人になってしまった。

ところが、友達は経営に失敗し、夜逃げをした。そして貸金業者が君に１０００万円を請求してくるのだ。そのとき、「友達が絶対迷惑をかけないからと言っていたので、友達に請求してほしい」と業者に反論しても、その反論は認められない。

このとき君は、自分は1円もお金を借りていないのに、なんで1000万円を払わなければならないのだ！　と思うだろうが、保証人になるということは、そういうことだ。

貸金業者にしてみれば、貸した相手がお金を返してくれないときのために、保証人をとっておくからね。まさにそのときが来たということだ。

だから、誰かに保証人になってほしいと頼まれたときは、よくよく考えた方がいい。もし、その借金を自分で背負う覚悟がないのならば、**断った方がいい**。

（3）もし借金で困ったら

借金で困らないようにするのが大切だけれども、もし君や家族がそうなってしまったら、弁護士に相談してほしい。

借金を返すために別のところから借入をするような状況になったら、もう後は借金が雪だるま式に増えていくだけだ。そのうち貸してくれるところもなくなって、返済ができなくなり、業者から支払い催促の電話がしつこくくることだろう。そのとき「こんなに借金を抱えて、自分の人生はもう終わりだ」と思わないでほしい。

結論からいえば借金の問題は、弁護士に相談すれば、大抵なんとかなる。自己破産や個人再生、任意整理といった解決手段がある。だから、君に覚えておいて欲しいことは、もし将来借金問題で悩んだら、早めに弁護士に相談してほしいということだ。

5　働くときのルール〜ワークルール

（1）立場が弱い従業員を守るワークルール

君が大学生や専門学校生になれば、コンビニエンスストアや学習塾等でアルバイトをするかも知れない。君は、働くことで、店長や塾長から、アルバイト代をもらう。これも契約の一つだ。労働契約という。

働く君の立場からいうと、一定の時間働いて、それに応じたアルバイト代というお金をもらう。働くことが義務となり、アルバイト代をもらうことが権利となる。店主は、その逆で、君に働いてもらう権利があり、アルバイト代を支払う義務が発生する。

労働契約も契約の一種だから、「契約自由の原則」がベースにあって、誰と契約をするか、どんな内容の契約をするかは、原則自由だ。

ところが、労働契約については、働く人を保護するために、特別なルールが定められている。最低賃金、労働時間の制限、解雇のルールが定められていて、事業者が、これに違反することは許されていない。

例えば、今、時給500円で働いてもらうことは、最低賃金のルールに違反してダメだ。

働きたいと思っている人も時給５００円でもいいと合意したとしても、ダメだ。

また、契約書の中に、「事業主は、いつでも理由なしに、従業員を解雇できる」と仮に書いていたとして、働こうとする人がその契約書にサインをしたとしても、事業者は、従業員を好き勝手に解雇することは許されない。

なぜだろう？　なぜ、労働契約では、契約を当事者の自由に任せずに、制限しているのだろうか？

事業者、会社は、誰かに物やサービスを提供することによって、利益をあげている。

例えば、パンを製造して販売する会社であれば、パンを買ってもらって売上を上げる。他方で、売上を上げるために、従業員に給料を払ったり、材料を仕入れるお金をかけている。これを経費と言う。

利益は、ごくごく大雑把にいうと「売上から経費を引いたもの」になる。経費というのは、事業を行うため（パンを作って売るため）の必要な費用だ。パンの材料代等もかかるが、一番かかるのは人件費、つまり従業員に対して支払う給料だ。

事業者、会社は、本質的に、利益を上げたいと思っている。利益が上がらなければ、経営を維持し、成長させることができないからだ。

利益を上げるために、どうすればいいか。

「利益＝売上－経費」ということだから、一つは「売上」を大きくする、もう一つは「経費」を減らすということになる。

・売上を上げるために、従業員に長時間働いてもらう
・経費をおさえるために、従業員の給料を低くしておく
・会社の売上に対して貢献していない従業員にやめてもらう

そういうことになる。

労働契約について、何の縛りもなく、当事者の自由に決められるとすると、会社側で、「長時間働かせて、給料は安いし、簡単にクビにできる」という契約書を作って、会社で働きたいといった人に、サインを求めるだろう。

もちろん、このとき、会社と働こうとする人とが対等の関係であれば、勤務条件を話し合いによって変更することもできるし、それなら契約しないと断ることもできて、いいかも知れない。

しかし、実際には、会社と働く人とは対等ではない。圧倒的に、会社の方が、強い立場にある。

仕事がなかなかなくて、いくつかの会社に応募しても、面接さえしてもらえないというとき、どんな悪い条件でも、採用してくれる会社に就職するしかないこともあるだろう。

残業代もなく長時間労働をさせられ、給料もとても低いブラック企業が嫌で、転職したいと思っても、他に働く場所がなくて、生活していくためには、その会社で働き続けるしかない場合もある。

「契約自由の原則」で、当事者まかせにしておくと、労働契約については、従業員は弱い立場で、会社の言いなりになるしかない状況になるかも知れない。会社が好き勝手に決める自由があって、従業員には実際上は、自由がなくなってしまう。

実際に過去に、企業が、従業員をお金で縛り付けて、過酷な条件で働かせていたこともあった。

日本国憲法では、労働《ろうどう》基《き》本権《ほんけん》について定めている。「賃金、就業時間、休息その他の勤労条件に関する基準は、法律でこれを定める」「勤労者の団結する権利及び団体交渉その他の団体行動をする権利は、これを保障する」。

これをもとに、労働基準法、最低賃金法、労働契約法、労働組合法といった法律が定められている。視点としては、**労働者保護のために、自由な契約に制約を加えている**ということだ。

対等ではなく、立場が弱い労働者を保護するために、国家が、労働契約のルールを定めているのだ。こうしたルールを決めておかないと、労働者の生存する権利が脅かされると国家が考えているからなんだ。

（2）働く前に知っておきたいワークルール

今、働いていない君も、いつか社会人として働く日がくるだろう。多くの人は、まずはどこかの会社に勤めて、お給料をもらうことから始まるだろう。働く上で、法が用意した働く人のためのルールをぜひ知っておいてもらいたい。ワークルールは、働く人の権利を保障している。

世の中には、このルールを守らない会社、経営者もいるからだ。ワークルールを知らないと、おかしいなと思っても何もできず、さらにはおかしいとも思わずに、会社の都合のいいようにされてしまうかも知れない。自分の身を守るためにも、次のようなワークルールの基本を知っておくことは必要だ。

1）労働時間

Q：アルバイトに残業代はつかないの？

このところ、毎日残業続きで、夜11時まで仕事をしている。ところが、給料は、残業がないときと変わらず……。オーナーに、「残業代はないのですか」とたずねたら、「アルバイトには残業代はないよ」と言われた。そうなのか？

A：いいえ。アルバイトであっても、法定労働時間「1日8時間以内　週40時間以内」を超えて働いた場合には、会社は残業代を払わなければならない。

会社は「1日8時間以内　週40時間以内」の労働時間を超えて従業員に働いてもらうためには、労働者の過半数代表者との間で「時間外労働・休日労働に関する協定」を結んで、労働基準監督署に届けなければならない。そして協定で延長できる労働時間は、原則として週15時間以内、月45時間以内とされている。

それに、会社が従業員に対し「1日8時間以内　週40時間以内」の労働時間を超えて、時間外労働（残業や休日出勤）をさせた場合には、会社は従業員に対して、一定の割合以上の割増賃金を支払わなければならない。

そして、この割増賃金は、正社員だけではなく、アルバイトやパートタイムの人にも払わなければならないのだ。

1）時間外労働：法定労働時間を超えて働く場合　25％以上の割増賃金

2）休日労働：法定休日に働く場合　35％以上の割増賃金

3）深夜労働：午後10時から午前5時の間に働く場合　25％以上の割増賃金

4）時間外労働＋深夜労働　50％以上の割増賃金

2）賃金

最低賃金が決められ、最低賃金以下の給料とすることは、従業員の同意があっても無効となる。（令和元年10月1日時点の東京都の最低賃金は1013円とされている）。

Q：会社から一方的に給料を下げられるの？

社長から「今月は会社の経営が苦しいから、給料は30％減ね」と一方的に言われた。そういうものなの？

A：いいえ。会社は、労働者の同意なく、一方的に給料を下げることはできない。労働契約も契約だから、合意で決めた契約内容の拘束力が会社に及んでいる。会社の主な義務は、給料を払うことだから、決めた給料を払わなければならない。一方的に給料を払わない、あるいは減額することは許されない。

契約の内容を変更するには、従業員の同意を得る必要があるのだ。

そこで、従業員としては、給料の減額に応じることなく、決められた額の給料を支払うように会社に求めることができる。

下げられた給料を、黙って受け取ると「給料を下げていい」という同意があったとされてしまうことがあるので、注意が必要だ。給料は受けとりつつも、減額の同意がなかったことを示す書面（一部として受領しましたが、あと○○円足りません）を会社に渡しておくといいだろう（控えもとっておく）。

3）休暇

Q：海外旅行で有給休暇はとれないの？

海外旅行に行こうと思って、有給休暇を使いたいと言ったら、「そんな理由で有給とれると思っているの？」と断られたが、仕方がないのか？

A：仕方がないことではない。

会社は、一定の条件（半年以上継続勤務、全労働日の8割以上の出勤）で一定の有給休暇（10日、以降1年ごとに取れる日数は増える）を与えることは、法律で義務付けられている。従業員から有給休暇を申請されたら、利用目的のいかんを問わず、有給休暇を与えなければならない。ただし、その有給休暇のタイミングが、会社の繁忙期等で、会社の正常な運営を妨げる場合には、会社は別の日に休暇を変更させることができるとされている（時季変更権）。

アルバイトやパートタイムにも、一定の要件をみたせば有給休暇が与えられる。

4）解雇のルール

Q：ちょっとしたミスで、解雇されてしまうものなの？

仕事でちょっとしたミスをしてしまった。すると社長が怒って「お前はクビだ！　もう明日から会社に来なくていい！」と言った。クビになってしまうのか？

A：いや、解雇にはできない。そのような解雇は無効だ。解雇（会社が労働契約を一方的に終わらせて従業員を辞めさせること）については、会社は、よほどのことがない限り、従業員を解雇できない。

解雇というのは、会社からの給料で生計を立てている従業員にとって、大きなダメージを与えるものだから、社会常識に照らして、解雇されても仕方がないよね、と言えるほどでなければ、解雇はできないとされている。

裁判例でも、よほどのことがない限り（例えば、会社のお金を横領した）、解雇は有効とされていない。ささいなミスなら、注意をすればすむのに、解雇は行き過ぎだ。

アルバイトや契約社員の場合、契約期間に定めのある労働契約を結んでいる場合、会社が契約期間中に、客観的に合理的な理由もなく解雇することは、「契約違反」となり、許されない。また、仮に、解雇が有効であっても、解雇を行う場合には、30日以上前の予告か、30日分以上の給料を支払わなければならないとされている。

(3) ブラック会社に気をつけよう

働く場所を決めることは、人生における大きな選択だ。どんな会社で働くか、どんな会社と労働契約を結ぶかは、君の自由だ。

ただ、いったん会社に就職をしてしまうと、会社を辞める自由はあるものの、それで生計を立てている場合には、そう簡単にはいかない。

そこで、どんな会社を選ぶかが、とても重要になってくる。ブラックな会社には、勤めたくないよね。

労働契約も契約の一つだから、お互いの合意によって、契約が成立する。契約内容は、最低賃金や労働時間といった縛りはあるが、どうするかは、基本的に当事者次第だ。

ただ、実際のところ、会社が提示した労働条件を確認して、それを前提に応募し、会社が君を採用決定すれば、就職することになるだろうから、会社が提示した労働条件が、そのまま契約内容となるだろう。

だから、会社が提示している労働条件をよく確認することが大切になる。

仕事内容、給料、契約期間、就業場所、就業時間、休日について確認する。

「求人広告」の募集内容は、そのままうのみにすることなく、自分の働く条件は、労働契約を結ぶ前にしっかりと確認する必要がある。そして、働く条件について書かれた書面をもらって保管しておこう。後から、条件が違っていたときに、その書面がないと、会社から「そんな条件といった覚えはない」等と言われてしまうとやっかいだからだ。

この場合に限らず、誰かと契約をして、お互いに権利・義務を負う場合には、きちんと契約書等の契約の内容を示した書類を作り、よく確認して、お互いにサインをして残しておくことが必要だ。

特に、労働契約や賃貸借契約といった継続的契約、大きなお金を払うことになる売買契約については、必ず書類を作るようにしておこう。書類を作ることで、言った言わないといったトラブルや、お互いの意識のズレが発生することを防ぐことができる。

「ブラック企業」というのは、法律を軽視し、従業員を道具として扱う企業だ。契約や法律で縛られるのは嫌なので、契約を軽視しがちな傾向がある。

・契約内容をきちんと説明しない会社

・契約内容（労働条件）について、書面を渡そうとしない会社

これは、ちょっと怪しいと思ってもいいだろう。

その会社について知るには、その会社に勤めている先輩がいれば、その人に話を聞くことだ。その会社に以前勤めていた人に話が聞けるとなおよいだろう。

給料や労働時間、休暇、セクハラやパワハラの有無、その会社が従業員を大切にしている

会社かどうかを意識して、話を聞くとよいだろう。

ブラック企業の特徴として、従業員を人として大切にせずに、利益を上げるための道具、使い捨ての駒として捉えていることがある。それを見極めるのだ。

(4) セクハラ・パワハラで困ったら

セクハラ・パワハラという言葉を君も聞いたことがあるだろう。セクハラ・パワハラ問題は、大きな社会問題となっている。

セクハラやパワハラ被害を受けたときの対処法を知っておくことはもちろんのこと、自分自身がセクハラ・パワハラ加害者とならないように注意する必要がある。

セクハラとは、性的な嫌がらせ、相手の意に反する性的言動のことで、例えば、会社の上司が、部下の女性に対して、体を触ったり、しつこく夜二人だけの食事に誘うことだ。「女性はお茶くみね」というような性別から役割を固定するような発言もセクハラだ。

パワハラは、職場のいじめで、優越的な地位（立場が強いこと）を利用して、業務上の指導の範囲を超えて精神的苦痛を与えたり、職場環境を悪化させるものだ。例えば、気に入らないヤツだからと、ちょっとしたミスで、大声で何時間も怒鳴りちらしたり、とてもできないような量の仕事を押し付けたりすることは、パワハラにあたる。

法律では、事業主（会社の経営者）に、セクハラやパワハラを防止するように努めたり、発生したときは適切に対応するよう義務づけられている。セクハラやパワハラ被害を受けた人が相談できる相談窓口を社内に設置しておくことも必要とされた。

セクハラやパワハラ問題は、深刻な問題だ。被害を受けた人は、働く意欲が低下することはもちろんのこと、ひどい場合には、うつ病になって働けなくなったり、最悪の場合、自殺してしまうこともある。

もし、君がセクハラやパワハラを受けたときは、勇気を出して「辛いのでやめてください」と「NO！」の意思表示をしよう。相手は、セクハラやパワハラをしている意識がなくてやっていることも多いからだ。

「NO」と言われない限りは、大丈夫だろうと都合よく思ってセクハラやパワハラを続けてしまう人もいる。ただ、「NO」と伝える場合には、相手の性格や相手との関係性もふまえて、最初は、穏やかに伝えた方がいいだろう。

それでも止まないならば、会社が設置している相談窓口に相談しよう。相談窓口がない場合や信頼できない場合には、労働局の総合労働相談コーナーや弁護士に相談しよう。

被害を受けたとき、自分さえ我慢すればいいと思う人もいる。しかし我慢を続けてしまうと、メンタルをやられ、働けなくなってしまうかも知れない。そうなる前に、相手に「NO」

と言うことや相談するという行動を起こそう。

○就活中のセクハラに注意

就活中のセクハラが問題となっている。就職活動中の大学生が、企業の社員から、しつこく二人だけの食事に誘われたり、身体を触られるという被害が出ている。学生としては、断ったり、抗議すると採用に響くのでないかと我慢していることも多い。

企業の社員が、就活生にセクハラをするというのは、採用側という圧倒的に優越的な立場を利用して、性的な欲求を満たそうという卑劣な行為だが、就活生としても防衛策を講じておく必要がある。

自宅やカラオケボックス、居酒屋の個室といった閉鎖的な場所で二人だけで会わないことだ。会うのは、できれば同性の社員がいいだろう。もし異性のOBと面会する場合には、昼間にオープンな場所を選ぶ。そして、しつような誘いを受けた場合には、大学の相談窓口や弁護士に相談してほしい。

(5) 働くことで困ったら相談をする

給料が払われない、突然クビにされた、パワハラを受けたなど、働くことで困ったら、労働局の総合労働相談コーナーや弁護士に相談してほしい。

従業員には、法がいろいろな権利を与えて保護しているけれど、それを会社に言うのは、なかなか難しい。だから、多くの人達が、何も言わずに会社の言いなりになることも少なくないんだ。

だから、一人でどうにかしようとせずに、相談をしよう。会社から言われたことがそのとおりなのか、会社に対して何が言えるのか、どのように行動していけばいいのかを教えてくれるだろう。君が気付かない問題点や解決策を教えてくれるかも知れない。

これまで話してきた労働契約の基本的な知識を知っておくことは、もちろん大切なことだが、一番大切なのは、困ったときに「信頼できる人に相談ができる」ということだ。

働く人のために、法が、契約自由の原則を修正して、いろいろな保護を与えていることがわかっただろう。

しかし、法は権利を行使しない人には、保護を与えないという原則がある。そのため、法がせっかく従業員保護のために、権利を与えていても、知らなくて使わなかったり、知っていても使わない人には、権利はなかったものと同じことになる。

だから、泣き寝入りをせずに、権利を知ろう、そして権利を有効に使おう。そのために専門家の頭を活用するのだ。「相談」をするのだ。

君が、何かに困ったとき、法が君に保護を与え、権利を与えているかも知れない。自分で、気がつけばいいが、そうでなくても「何かできることはないかと」弁護士に相談すれば教えてくれるはずだ。

6 損害賠償のはなし

(1) どんなときに損害賠償請求ができるのか?

誰かに、自分の物を壊されてしまったとき、その人に対して「弁償してほしい」と誰もが思うだろう。

権利や義務は、契約という自分の意思に基づくものから発生するといったが、意思によらず、出来事によって発生するものがある。

例えば、君が車を運転していて赤信号で止まっていたら、後ろから追突されて、車を壊された場合、君は相手に対して、車の修理代等を賠償するように求めることができる。**損害賠償請求権**《そんがいばいしょうせいきゅうけん》だ。

民法第709条では、故意か過失で他人の権利を侵害し、損害を発生させた場合には、その損害を賠償する責任を負うと規定されている。

「故意」というのは、わざとということだ。

「過失」というのは、不注意のことで、結果の予見ができたのに、結果を回避することをせず、結果を発生させてしまったということだ。

注目したいのは、故意ではなく過失の場合でも、損害を発生させてしまったら、損害賠償責任を負わなければならないということ。

つまり、わざとではなくても、不注意で事故を起こして、相手に怪我をさせてしまったり、相手の物を壊してしまったら、損害賠償責任を負うということだ。

損害については、自転車で歩いている人にぶつけて、転倒させ、頭の打ち所が悪いために脳に重い障害を負わせてしまったりすると、1億円近い損害賠償責任を負担することにもなる。こんな裁判例がある。

11歳の小学生が乗る自転車が高速で坂道を下りる途中に、前方不注意で、67歳の女性に衝突し、転倒した女性の意識が戻らなくなってしまった。この裁判では小学生の親に約9500万円の賠償を命じる判決が下された【神戸地裁平成25年7月4日判決】。

9500万円なんて、とても払い切れるお金ではないよね。ちょっとした不注意がもとで、事故は起きるかも知れないから、安全運転をして、事故を防止することが大切だ。そして、自分では注意したつもりでも事故は起きてしまうこともあるから、万が一のことに備えて保険に入っておくことが必要だ。自転車事故でも先の裁判例のように、莫大な損害賠償責任を負う可能性があるから、自転車用の保険に入っておこう。

このように故意だけではなく、過失によっても損害賠償責任が発生するということは、逆に被害者の立場から、損害賠償請求するためには、相手に過失が必要だということだ。

つまり、過失がない場合には、相手の行為によって損害が発生したとしても、相手に損害賠償責任は発生せず、自分は相手に対して損害賠償請求ができないということになる。

例えば、予期せぬ大地震（震度7）が発生して、突然道路に亀裂がはいり、後ろの車のハンドルがきかなくなって、ぶつけられたとしてもそれは過失ではなく「不可抗力」ということで、後ろの車の運転者に対して、損害賠償を請求することはできなくなる。

日本の民法では、このように加害者に過失がなければ、法的責任がないとする「**過失責任**《かしつせきにん》**主義**《しゅぎ》」が採用された。

この反対は、過失がなくとも、結果（損害）を発生させた以上は、責任を負うとする考え方だ（結果責任主義）。

どうして「過失責任主義」をとっているのだと思う？　損害を負わされた人、被害者救済の観点から見れば、相手に過失がなくても損害賠償請求ができる「結果責任主義」の方がいいのではないかな？

しかし、何ら落ち度がなくても、損害賠償責任を負わされるというのも酷だよね。そして、何ら落ち度がなくても、自分の行為によって結果が発生した以上は、とにかく損害賠償責任を負わされるとすると、怖くて、外での活動がしづらくなるだろう。自由な活動ができず、びくびくしながら、家の中でおとなしくしているかも知れない。

それでは、人と人との価値の交換（取引）、交流、物流も進まず、経済は停滞して、人々の暮らしは貧しくなっていくかも知れない。

取引の安全が、経済を活性化させ、人の暮らしを豊かにするものであるように、過失責任主義もまた経済を活性化させる役目を担っているのだ。

しかし、この民法の原則は、現在一部の分野では特別法で修正が加えられている。

「製造物責任法」という法律がある。

大量生産される商品のような製造物の欠陥によって人の生命、身体または財産に被害が生じた場合には、その製造者が民法の過失責任の適用に加えて、無過失でも損害賠償責任を負うとされている。

被害者は、過失より立証しやすい「欠陥」を立証すればよく、過失の立証までは不要とされた。

なぜ修正をしたのだろうか？

被害者救済の観点からだ。製品について、過失を立証せよと言われても、機械やシステムは、素人にとっては全くわからず、結局、泣き寝入りせざるを得ない。

他方で、製品を製造した企業は、それで経済的利益を得ている。また保険をかけたりして、リスクを分散することができる。

「**損害の公平な分担**」という観点からすると、製品を製造した企業に、過失がなかったことの立証責任を負わせたほうがよいと考えたのだ。

誰もが、加害者にも、被害者にもなりうる。

それは、損害賠償義務を負担する者にも、損害賠償請求権を持つ者にもなるということだ。そしてその金額は、何千万円にもなる可能性がある。

その場合でも、保険に入っていれば安心だ。保険には、加害者になったときのための保険（損害賠償責任保険）と被害者になったときのための保険（人身傷害保険等）があるが、両方に入っておくのがいいだろう。

保険に入っていなければ、加害者になったとき、賠償金を支払えないために、相手に迷惑をかけてしまうし、自分の財産も失うことになる。

そして、被害者になったときのためにも保険が必要だ。相手に対して損害賠償請求権が発生するけれど、相手が保険に入っていなかったり、相手に財産がない場合には、相手から賠償金を払ってもらえないからだ。

（2）「損害の公平な分担」という考え方

Aが運転していた自動車とBが運転していた自動車が交差点で衝突して、Bがケガをした。Aには、いったん停止すべきところを停止しなかったという過失があった。しかしBもスピードを出しすぎていたという過失があった。

このような場合、生じた損害（Bのケガについての治療費や慰謝料等）をすべてAに負担させるのは公平ではないだろう。なぜならば、Bにも過失があるからだ。

そういうときは、**過失相殺**《かしつそうさい》という調整が働く。全体の過失を10割として、Aの過失が8割、Bの過失が2割とすれば、BはAに対して、損害額の8割分を請求できるということになる。

発生した損害を、どのように分担するのが公平なのかという観点で、見ていくことも必要だ。

第5章

交渉法を身につけよう！

交渉がうまくできると、社会で生きていく上で、とても生きやすくなる。自分の希望も通しやすくなるし、相手との関係も良好になりやすい。

1　交渉って何？

「交渉《こうしょう》」と聞くと、君はどのようなイメージを持つだろうか。駆け引き、ブラック交渉術、心理戦？

あまりいいイメージを持っていないかも知れないね。自分自身もこれまで交渉したような経験がないかも知れない。

でも、交渉は、身近なことだし、交渉法を身につけることは社会で生きていくためには、とても大切なことなんだ。

お母さんにゲームを買ってほしいと君が言う。お母さんは、ダメという。何とかゲームを買ってほしいので、君は、「このゲームを買ってくれたら、誕生日のプレゼントは我慢する」と言う。あるいは「買ってくれたら、◯◯のお手伝いをする」と言う。

こういうのも立派な交渉だ。よく考えれば君もこれまで、いろいろな交渉をしてきただろう。

交渉は、何かを手に入れたいとき、誰かに何かをしてほしいときに使われるし、友達と今日は何をして遊ぶのかとか、頼まれ事を相手の機嫌を損ねずに断るとか、いろいろな場面で使われる。そして、交渉は、トラブルの解決にも使うものだ。弁護士の仕事も交渉することが大きなウエイトを占めているんだよ。

交渉がうまくできると、社会で生きていく上で、とても生きやすくなる。自分の希望も通しやすくなるし、相手との関係も良好になりやすい。

交渉をしないでいるとどうなるだろう。

自分の希望と相手の希望とがぶつかることは必ずある。資源は限られているから、自分の意見を押し通すことはできない。

相手とぶつかったとき、いくつかの選択肢がある。
1）自分の意見を相手に押し付ける
相手に力があれば、反発するだろう。ケンカになる。

相手が弱い立場だったら、表向きは君の言うことに従うだろう。しかし内心では、不満を持ち、君のことを嫌いになり、関係を断ち切ったり、もしかすると強い誰かの力を借りて、君に仕返しをするかも知れない。
2）自分が我慢する
ケンカをさけたいと、言いたいことも言えずに、相手の言うとおりにして、我慢する。相手に理不尽な要求を突きつけられても、受け入れる。

君は、とても幸せとは言えないだろう。我慢が続くと心の病になってしまうかも知れない。

理想的なのは、相手の言い分を聞きつつも、自分の希望をしっかり相手に伝えて、自分にとっても相手にとってもいい合意、解決ができることだ。

交渉と言えば、「オレンジ事件」という有名な話がある。1個のオレンジをめぐって、姉と弟がケンカをしていた。どちらもこのオレンジが欲しいと言っているようだ。

姉はこう言う。「あなたは弟なんだから、我慢しなさいよ」。

弟も負けじと言い返す「お姉ちゃんは、年上なんだから、弟のために我慢してよ」。

じゃあ、半分にする?

なるほど。でも、半分こでいいのかな?

ちなみに、お姉ちゃんはどうしてオレンジが欲しいの?

「オレンジの皮でケーキを作りたいの」

弟くんは?

「もちろんオレンジの実を食べたいからだよ」

な〜んだ、そうか。では、半分にせずにお姉ちゃんが皮全部を、弟くんは実全部で分ければいいじゃない。

めでたし、めでたし。

というような解決だ。自分も相手もハッピーだよね。

人生にトラブルはつきものだ。貸したお金を返してくれない。自分の物を壊される。買った物に欠陥があった。

そういうときにどうする？　我慢する、泣き寝入りする？

しかし、それでは解決にならない。我慢すれば、君は病気になってしまうかも知れない。

裁判をする？　訴えてやる？

もちろん、もめごと（紛争）解決のために裁判がある。しかし、裁判はどちらかというと最後の手段だ。裁判をする前に考えたいのは、相手との話し合いによって紛争を解決できないかだ。つまり交渉だ。

弁護士は、紛争解決のために交渉をよくやっている。交渉にはコツがある。君に基本的な交渉のコツを教えよう。

2　交渉のコツ

（1）準備が大切

まずは、今自分がやろうとしている交渉では、何を目的としているのかを見極めることが大切だ。

（ア）自分が相手に求めるものと理由を確認する

まず、自分は相手に何を求めているのか？　相手にどうしてほしいのか？

そして、なぜそれを求めているのかを、確認することだ。そして、それを紙に書き出してみる。

先のオレンジ事件の姉だったら、

オレンジが欲しい

なぜ？　ケーキを作りたいから

という感じになる。

ただ、オレンジが欲しい、自分にはオレンジをもらえる権利があるはずだというだけではなく、なぜ欲しいのか、なぜ権利があると言えるのか、その理由を掘り下げることがポイントだ。

オレンジの例だと、お腹がとても空いているから、手伝いをしたご褒美にお母さんがくれたから……とかだ。

（イ）相手の求めているもの、その理由を確認する。

では相手は何を求めているのだろうか？　自分の希望に対して、どう答えているだろうか？

そもそも、自分の希望を相手に伝えていない場合には、相手がどう反応するかわからないこともあるだろう。そのときは、想像するだけでもよい。

相手の希望やその理由は、あとで、相手に質問をして確認するので、質問を考えておこう。「どうして○○を求めるのですか。○○するのですか」という感じだ。

(2) 交渉の場で

準備をしたら、交渉スタートだ。まずは、自分の主張と理由を出すことからだ。

自分の主張（相手にしてほしいこと）と理由を、相手に伝えること。言葉に出すと簡単に思えるが、実は、これが意外と難しい。

そもそも自分の言い分を相手に伝えることが、できないということもある。自分の気持ちを言わないでも分かってほしい、察してほしいと思うことも、あるだろう。

自分の言い分を相手に伝えることで、相手が怒ったり、反発したり、無視したりと、相手のネガティブな反応を想像してしまうかも知れない。

それが嫌だったり、面倒で、相手に自分の意見を言えずに我慢したり、泣き寝入りしたりすることも意外と多かったりする。

些細《ささい》なことであれば、それでもいいだろうが、大事なことは、やはり、自分の気持ちを相手に伝えて、相手と話し合いをする必要がある。

我慢や泣き寝入りばかりしていると、相手を嫌いになって、関係も悪くなるし、自分も嫌いになり、自分のメンタルも壊れてしまうかも知れない。

そして、相手に伝えることで、意外とあっさり相手がＯＫをしてくれることもある。とりあえず相手に、伝えることが大切だ。

ここでのポイントは、①感情的にならずに冷静に伝えること（モノの言い方に気を配ること）②論理的に伝えることだ。

①感情的にならずに冷静に伝える

感情的になって自分の気持ちをぶつけると、相手は反発してしまう可能性が高くなる。相手が反発すると、自分もまた反発して、お互いに感情的に自分の意見をぶつけるだけで、とても話し合いにならない。

君にもきっと経験があるだろう。冷静になってみると相手の言っていることが正しいのかも知れないけれど、とにかく嫌いな相手の言うことは、同意したくないと思ったことがあるだろう。

「何を言うかより、誰が言うか」によって判断する傾向が、人にはある。

信頼できる人、好きな人の話には、応じてもよいと思う。同じ話でも、信頼できない人、嫌いな人、自分のことを軽く見るような人の言い分は、拒みたくなるものだ。

だから、相手に対して、自分の言い分を伝える際には、相手から信頼できる人、ちゃんと話し合いができる人と思われるのが得策だ。

トラブルの状態では、なかなか難しいかもしれないけれど、話し合いでは、相手を人として尊重する態度を見せることで、相手が自分の言い分に耳を傾ける可能性は高くなる。

・感情的にならないで、冷静に話をする。

・穏やかで、丁寧な言葉づかいを心がける。

・礼儀正しく接する。

何かを相手に求める場合にも、言い方はいろいろだ。例えば、貸した10万円を返してほしいと思ったとき、どう言うだろうか。

「さっさと10万円を返せ！」

「10万円を返してください」

「あなたも大変かも知れないが、僕も必要なものが買えなくて困るから、貸した10万円を返してもらえないか」

同じ要求をしているのだけど、言われた立場に立つと、感じ方は大きく違う。

強く要求することも、場面によっては必要だけど、それは後からでもいい。最初から、命令口調で威圧的に要求すると、相手は間違いなく反発するだろう。

君が相手を尊重するスタンスで、話し合いを持ちかければ、相手も丁寧に応じてくれるはずだ。

交渉では、自分と相手との合意が必要となる。つまり、相手のＹＥＳを引き出す必要がある。相手に自分の言い分を聞いてもらう必要があるのだ。そのためには、相手に話を聞いてもらえるというのが必要最低限のことなんだ。

交渉というと、強気でやらないと相手にナメられる、不利になってしまうと思っていないだろうか。

確かに、自分の言い分をしっかり伝え、相手の意のままになるのではなく、譲れないところは譲らないという姿勢は大切だ。

しかし、交渉の姿勢として、相手に対して威圧的に接したり、乱暴な口調でやるというのは、相手のＹＥＳを遠ざけ、相手との関係を悪くするものでマイナスでしかない。

穏やかに話すというのは、決して下手に出るわけではない。対等な関係で話し合いをするのだ。態度や口調は、穏やかに丁寧にするけれども、伝えたい要求はきちんと伝えるのだ。

②論理的に伝える

相手に自分の言い分を伝えるときには、論理的に伝えることが大切だ。

論理的に伝えるというのは、主張だけではなく、その理由もそえて伝えるということだ。

その理由が、主張とつながっているということだ。

Ａ（主張）なぜならＢ（理由）であるから。

Ａ←Ｂ

Ｂ（理由）だからＡ（主張）してほしい。

Ｂ→Ａ

主張Ａだけを言っても説得力はない。

「欲しいから、欲しいんだ！」と言っても、相手は、納得しないだろう。「Ａ←Ｂ」を意識していると、自分で言うときも、Ｂという理由があるからＡと自信を持って言える。何も理由がない主張Ａは、相手がＹＥＳという理由がなく、主張としては弱くなってしまうのだ。

相手がＢという理由を聞いて「なるほどそういう理由なら仕方がないな」とＹＥＳと言ってくれるのだ。だから、理由Ｂは、相手から見て「なるほど、そうだよね」とうなずける理由だとよい。

この理由は、相手には、こちらから説明しないと伝わらないから、きちんと言葉にして、相手に伝える必要がある。

オレンジ事件の例だと、姉は、Ｂ「ケーキを作るのにどうしてもオレンジの皮が必要だから」、オレンジが欲しいと弟くんに伝える。

③相手の言い分を聞く

自分の要求を理由付きで相手に伝えたら、相手から反応があるだろう。

あっさり「そういうことなら、わかったよ」とＯＫしてくれるかも知れない。そうならなくても、何らかの反応があるはずだ。事前に相手の反応（おそらくＮＯと言ってくるはずとか）が予測できるなら、それに対する自分の回答も準備しておくとよい。

ここで、大切なのは、相手の言い分をしっかり聞くということだ。相手が自分の言い分を受け入れてくれずに拒否したとき、相手とトラブルになっている場合には、相手の話を聞くことは、面白くないかも知れない。

でも、相手の言い分を聞くことは、自分が望むような相手のＹＥＳを引き出す上で、大切なことだ。相手の言い分とその理由には、重要な情報が入っている。相手の言っていることを一歩引いた気持ちで、情報を手に入れるつもりで聞いていくんだ。

④ 自分の言い分と理由と相手の言い分とを整理する

自分の主張と理由とをあわせて、相手の主張と理由を紙に書き出して、整理するといいだろう。

紙に書き出すことで、問題を一歩引いて見ることができる。感情的になりそうな問題に冷静に対処することができるんだ。

漠然と言い合っていたときは、自分の言い分と相手の言い分が、大きく違っていたように思えていたけれど、こうして紙に書いて整理してみると、食い違っているのは、一部だけで、何とかできそうという場合もよくあるんだ。

オレンジ事件の例だと、これであっさり解決するだろう。

	姉	弟
主張	オレンジが欲しい	オレンジが欲しい
理由	ケーキを作るために皮が欲しい	オレンジの実を食べたい

相手が主張だけ言って理由を言わない場合には、「どうして〇〇なのですか?」と理由が何かを質問する。そうすると何らかの理由を話してくれるだろう。B(理由)→A(主張)がしっかりつながっている合理的な理由かを確認するのだ。

交渉において、質問をすることは、大切なことだ。相手が何を大切にして、何にこだわり、何を求めているか、質問を通じて情報を集めることができる。

ここで、話し合いは、**情報を共有化させる作業**であると意識するといいだろう。

自分が持っている情報は、自分が開示しなければ相手に伝わらないし、相手が持っている情報は相手が話してくれないとわからないだろう。

ただ、注意しなければならないのは、自分が持っている情報をすべてさらけ出せばよいというものではなく、相手のYESを引き出すために、相手が知っておいた方がよいと思える情報を相手に伝えることだ。

例えば、君がどうしても欲しいものを相手しか持ってなくて、別の人やお店から手に入れられない場合、君は、どんなに高くても相手の言い値で買わざるを得なくなるだろう。

ここでは「別のところからは買えない」「どうしても欲しい」という情報は、相手に伝えない方がいい。

何を相手に伝えて、何を伝えないのかといった「**情報をコントロールする**」という視点を持つと交渉がやりやすくなるよ。

⑤ 解決案を考える

情報を集めたら、次は解決案を考える。

自分の希望、相手の希望、そしてその理由といった情報を眺めて、自分の希望を満たしつつ相手の希望も満たす解決方法はないかを考える。

自分の希望を満たしつつ相手のYESも必要だから、相手がYESと言いやすい、相手も満足するような解決案を考えるのだ。

思いつきでもいいから、たくさん解決案を出して、紙に書き出してみよう。

先のオレンジ事件では、姉も弟も満足する解決案は、理由を見れば、簡単に導き出せるだろう。

そう、「姉が皮で、弟が実をとる」という解決案だ。

解決案は、自分だけではなく、相手にも考えてもらう。「お互いにとって、いい解決方法はないかな?」とたずねてみる。一緒に解決案を考えるという感じになるとよいアイデアが浮かんでくることも多い。

○よい解決案を考えるコツ〜利害の違いを利用する

お互いにとって満足がいくよい解決案を見つけるのにはコツがある。

それは、お互いが必要としているもの、大切にしているもの（「利害」という）を確認して、その違いを利用することだ。

オレンジ事件の例だと、姉は「皮」、弟は「実」というように、欲しいものが違っていることから、姉に皮全部を、弟には実全部をと双方が満足のいく解決案が見えてくる。

人それぞれ何を大切にしているのか、何の優先順位が高いのか違いがある。交渉では、この違いを利用するのだ。

この利害には、値段、時間（支払い時期、納品時期）、性能、サービス内容、相手の対応、これからの関係がある。

食い違っている利害を見つけることの他に、新しく利害を探してみるというのもいい。

自分と相手との間で、大切にしているものを確認して、新しい要素を入れて、解決案を作り出すこともできるのだ。

お互いに解決案を出して、その上で調整をしていく。解決案も箇条書きで、紙に書き出していくといい。

もめごとを解決するための交渉で、これからも相手との関係が継続する場合（例えば友人）

には、話し合いで円満に解決をすることには、大きなメリットがある。この場面では、少し譲歩しても、これからの関係を考えるといい解決法という場合もある。この問題をどうするかというだけではなく、これからの相手との関係性も頭に入れて、話し合いを進めるといいだろう。

合意ができたら、**紙に合意した内容を書き出して、お互いに確認する**。合意書の作成だ。こうすることで、何を合意したのかがはっきりするし、約束を守ろうという気持ちになるし、相手は守ってくれるだろうと安心もできる。話し合いによってこの問題を解決したぞと、けじめにもなる。もし、相手が約束を守らなければ、この合意書を見せて「約束を守ってほしい」と強く要求できるだろう。

第6章

トラブルに巻き込まれたら

君がもしトラブルにあったら、まずは自分で相手と話し合って解決できないかを考えてみよう。
どうしたらよいかわからなければ、とりあえず弁護士に相談しよう。相談だけで問題の解決方法が見えてくることもある。

1　弁護士に相談してみる

（1）弁護士の探し方

君がもしトラブルにあったら、まずは自分で相手と話し合って解決できないかを考えてみよう。

やってみてダメだったり、相手との対立が激しくて、直接の話し合いでは解決が難しければ、調停の活用や弁護士に代理人になって交渉してもらうことを考えてみる。

どうしたらよいかわからなければ、とりあえず弁護士に相談しよう。相談だけで問題の解決方法が見えてくることもある。

とは言え、弁護士って敷居が高くて、相談しづらいなと思っているかも知れないね。お金もかかりそうな気がするし、知り合いに弁護士がいるわけでもないし、どの弁護士がいいのかもわからない……。そう思っている人も多いだろう。弁護士ってどう探せばいいのだろうか？

①　ホームページを見てみる

今は、多くの弁護士、法律事務所がホームページを持っていて、どんな弁護士なのか、取扱分野、弁護士費用等もわかる。

自分の住んでいるところと相談内容に「弁護士相談」と打ち込んでネット検索をかけてみてごらん。きっと、いろいろな弁護士のサイトが出てくるだろう。そして、感じがよさそうなら、電話をして、相談の予約を入れる。依頼をせずに相談するというだけで終わりにしてもいいので、「とりあえず相談してみよう」という感じで相談してみよう。

②知り合いから弁護士を紹介してもらう

君の知り合いに弁護士に頼んだことがある人がいて、その弁護士がよさそうなら、その人から紹介してもらう。

③弁護士会の法律相談センター

弁護士が交代で法律相談を行っている。それぞれの地域には弁護士会があって、その弁護士会館で相談をしている。無料でできる相談もある。予約が必要な場合や受付時間もあるので、電話をして確認をしてから相談に行くとよいだろう。

④弁護士ドットコム

地域や重点分野、性別等で絞り込み検索もできる。無料で相談をやっている弁護士も意外と多い。

⑤法テラス

一定の収入以下の人なら、予約をして無料で相談ができる。どんな弁護士が相談担当になるかはわからないけれど、相談をしてみて感じがよければ、依頼することもできる。

弁護士に相談してみると、これからどうすればいいのかについてアドバイスをもらえるだろう。弁護士を頼むメリットや費用の点も確認して、その弁護士でよければ、依頼をするということになる。

一人の弁護士の意見ではなく、他の弁護士の話を聞いてみたいということならば、それでも構わない。

(2) いい弁護士の見分け方

ホームページや弁護士ドットコムでは、弁護士もいいところしか見せていないから、依頼するかどうかは、実際に会って相談をした上で、「この弁護士さんなら信頼できそう」と思えた場合に依頼しよう。

弁護士には、それぞれ得意分野があるので、自分が依頼しようとしている事件が得意な弁護士が望ましい。また、経験がものをいう仕事でもあるので、ある程度の経験のある弁護士の方がいいだろう。

もちろん若い弁護士だからといって経験が乏しいとは限らず、ある分野については、ベテランの弁護士より多くの事件を経験し、得意であることもある。また若い弁護士には一般的にフットワークが軽いという利点もある。

参考までに、避けておいた方がよい弁護士、依頼してもいい弁護士の特徴をあげておく。ただし、これは絶対的な基準ではないので、あくまで判断の参考にしてほしい。

①依頼を避けておいた方がよい弁護士

・態度が横柄、尊大な弁護士
・事務員に対する態度が尊大な弁護士
・「絶対に勝ちます。任せてください」と言い切る弁護士
・弁護士費用について、説明しない、説明してもあいまいな弁護士
・こちらからの質問に、きちんと答えない弁護士
・あまりにも忙しそうな弁護士
・あまりにも暇そうな弁護士
・他の弁護士の悪口を言う弁護士

②依頼してもよい弁護士

・依頼したい事件の経験が豊富
・丁寧でわかりやすい説明
・態度が穏やかで誠実

・事件の見通しを、ネガティブなことも含めて説明する
・事務所スタッフに対する態度が穏健
・弁護士費用について、具体的に説明
・質問に対して、誠実に答えてくれる

2 調停というもめごと解決法もある

自分と相手と話し合って問題が解決するのであれば、それが一番いい。

しかし、相手とすでに感情的な対立があって、なかなか冷静に話し合いができないこともあるだろう。相手と直接話し合ったら、言い負かされそうで怖い、相手から酷いことを言われないか怖いという気持ちがあって、話しづらいということもあるだろう。

そういうときに、間に中立的な第三者を入れて話し合いをするという「調停《ちょうてい》」というやり方が有効だ。

「調停」は、裁判所でやる民事調停という本格的な調停もあるけれど、身近なところでは、学校内では先生が、「調停人」となって、もめている誰かと誰かの間に入って、お互いの言い分を聞きながら、解決をしようとすることがあるだろう。

調停は、話し合いによる紛争解決方法だけど、もめている当事者の間に中立的公平な第三

者が入ることが特徴だ。この点は、裁判と同じだ。

ただ、裁判と違うのは、裁判では、中立公平な第三者である裁判官が、お互いの言い分を聞いて「判決」という形で、解決方法を決めるのに対して、調停では、中立公平な第三者である調停人が、両者の言い分を聞きながら、みんなで話し合いを進めて、お互いが納得、合意できる解決案を当事者とともに考えていこうとする点だ。

話し合いをするという点では交渉も調停でも同じだが、間に中立公平な第三者を入れて話し合いを進めることで、交渉では解決しづらい問題も解決しやすくなる。

相手と直接話をしていると、ついつい感情的になって、相手もまた感情的になって、理性的に落ち着いて話し合いをすることができなくなる。

もし、相手との関係が悪くて、お互いに「あいつの言うことは聞きたくない」という状況だったら、二人だけの話し合いで、紛争を解決することはなかなか難しいだろう。

このように対立が激しい場合でも、お互いが信頼できる中立公平な第三者を間に入れることで、冷静に話し合いをすることができる。

中立公平な第三者に怒りの感情があるわけではないし、これまでの自分と相手との事情を知らないわけだから、自分の言い分を、冷静にわかりやすく、第三者から見ても納得できるように伝える必要がある。

自分の言い分を、調停人に伝えて、調停人からその言い分を整理してもらえるだろうし、相手に伝えてもらえる。そして、相手の言い分も、調停人を通じて伝えられるだろう。

調停では、当事者から出た解決案とその調整では、なかなか合意ができないとき、調停人から「調停案」という解決案が出ることもある。調停案は、調停人が、当事者双方の言い分を聞いた上で、この問題の解決に公平でいいと思う解決案だ。裁判の判決と違って、強制力はなく、あくまで「こうしたらどうか」という提案だから、納得ができなければ、合意を拒むこともできる。

でも、お互いの言い分を、中立公平な第三者が聞いた上での解決案だから、自分にとっても納得がいく解決案であることも多いだろう。

第7章

裁判所ってどんなところ？

裁判は、原則として、公開されていて誰でも見ることができる。
憲法で、裁判は公開法廷でやるとされているのだ。
これは、裁判が法の定めた手続によって、きちんと公正にされているかを、国民がチェックできるようにしておくためだ。

1　裁判の役割

裁判というのは、裁判官が、具体的な事件について法を適用して、判断をし、問題の解決を図ることだ。

大きく分けて、刑事裁判と民事裁判とがある。

刑事裁判は、検察官が起訴した公訴事実が認められるかを審理し、認められれば、刑法等の刑罰法令を適用し、刑を決める。

民事裁判では、原告が求めた請求権（損害賠償請求権や貸金請求権等）が、民法等の法が権利発生に必要とした事実が認められるかを審理し、判断して、紛争解決を図る。

事実が認められるか否かは、刑事裁判では、厳格に証拠に基づき、自白だけでは有罪にできないというルールや、伝聞証拠は、原則証拠として使えない等のルールも定められている。

民事裁判においては、**当事者の意思が尊重される**。裁判の中でも「和解《わかい》」ということで、当事者の合意によって裁判を終わらせることもできる。実際にも、判決の前に「和解」で終わることの方が多い（刑事裁判には、和解はなく判決となる）。

また当事者の意思を尊重している結果、当事者間で合意した事実は、仮に真実とは異なっていたとしてもあるものとして扱われ、争いのある事実について証拠に基づいて判断される。

刑事裁判は、法益保護や社会秩序維持が主な目的だ。民事裁判では、人と人との間の紛争解決が目的となる。

裁判が、法に従って、公正に行われることで、安心して暮らせる社会となる。

2　裁判傍聴に行ってみよう

君は、裁判所に行って、本物の裁判を見たことがあるだろうか。

裁判は、原則として、公開されていて誰でも見ることができる。

憲法で、裁判は公開法廷でやるとされているのだ。これは、裁判が法の定めた手続によって、きちんと公正にされているかを、国民がチェックできるようにしておくためだ。裁判も司法権という権力行使の場面だからね。

裁判官が、好き勝手に審理をして、いい加減な判決をしないようにするためだ。きちんとした裁判がされていることをオープンにしておくことで、裁判に対する国民の信頼も得られるだろう。

傍聴は無料で、予約もいらない。法廷にふらっと入って、席が空いていれば、傍聴することができる。ただ、著名人の事件や社会の関心を集めた事件は、傍聴席には限りがある関係で、抽選となる。

裁判は、平日の日中に行われている。その日にどのような裁判が行われているかは、法廷の前等に貼っている「開廷表」を見ればわかる。裁判所の受付の人に、聞いてみてもいいだろう。

法廷内での飲食や私語、撮影は厳禁だ。メモを取ることは構わない。携帯電話は電源を切るかマナーモードにしておく。被害者やその家族、加害者の家族もいるかも知れない。静かに傍聴をしよう。

裁判には、民事裁判と刑事裁判があるが、傍聴にオススメなのは、刑事裁判だ。民事裁判では、書面のやりとりが主になるから、傍聴しても事件の中身がよくわからないことも多い。

刑事裁判では、検察官の起訴状朗読や冒頭陳述で、何の事件なのかもわかるし、被告人側の対応によって否認事件（無罪を主張する事件）なのか自白事件（罪を認めている事件）なのかもすぐわかる。複雑な事件や、否認事件でなければ、１回の審理で、審理が終わることも多い。

公訴事実を争わない自白事件では、刑の量刑にかかる情状が審理の中心になる。

証人はいないことも多いが、被告人質問は、必ず行われる。まず弁護人から質問をして、次に検察官から質問をする。弁護人からは、犯行に至った経緯に酌《く》むべき事情があることや被告人がよく反省していることを話してもらおうとする。

検察官は、被告人が犯した罪の意識を確かめるかのように、被告人に対して厳しい質問を浴びせることが多い。

傍聴していると、被告人の人生、被害者の人生等いろいろなことを考えさせられる。被告人質問が終わると、被告人の最終陳述があり、その後、検察官の論告・求刑、弁護人の最終弁論が行われる。多くの場合は、判決は別の期日を指定される。

法廷を傍聴しながら、もし自分が裁判官だったら、どのような判決にするかを考えてみるといい。検察官の話を聞いていると重い刑罰にするのがいいような気がするけれど、弁護人や被告人の話を聞くと、重い刑罰は酷な気がする。こういった悩みを体験すること、裁判で出てきた事実から、どのような刑罰、量刑にするのがいいのかを考えることは、とてもいい体験だと思う。

裁判所や弁護士会で、「裁判傍聴会」をやっていることもある。最寄りの裁判所や弁護士会に問い合わせをして、こういった傍聴会に参加してみるのも勉強になるし、面白いだろう。

3　裁判官という仕事

（1）裁判官の責任は重大

裁判を行う裁判官は、責任重大だ。自らの判断によって、ある人の人生を大きく左右させてしまうこともある。裁判官は、法律をよく知っているだけではなく、この具体的な事件について、言い分や証拠に照らして、どのように判断をするのがいいのかを、追い求める姿勢も必要だ。

裁判は、具体的な事件、具体的な人に対して判断される。そこには、生身の人がいるということだ。

だから、単に頭がいいだけではなく、人としても温かみのある誠実な人が裁判官に向いていると思う。

裁判官は、国家公務員だが、憲法で身分が保障されている特別な公務員だ。

司法権《しほうけん》の独立《どくりつ》という言葉を聞いたことがあるだろう。司法権の独立には、裁判所の独立と裁判官の職権行使の独立があるが、重要なのは裁判官の職権行使の独立だ。裁判所の独立は、裁判官の職権行使の独立のためにある。

裁判官の職権行使の独立とは、裁判官が具体的事件において、他の権力から圧力を受けずに、良心に従って、判断できるということだ。

どうして裁判官の職権行使の独立が保障されているのだろう?

もしも、裁判官の独立がなかったら、政府から、この被告人は政府を批判する集会をやった首謀者だから、重く処罰するように圧力をかけられ、その圧力の下、重く処罰してしまうかも知れない。

逆に、政府高官が、犯罪を行って裁判にかけられたとき、政府から、無罪にするようにと圧力がかかるというのもおかしなことだ。法の下の平等が実現されていない。

罪を犯したならば、どんな人であっても法に従って、きちんと処罰されるべきだ。

こうして裁判官が、法に従った公正な裁判を行うためには、司法権の独立が必須なのだ。

(2) 裁判官ってどんな人?

憲法で、裁判官の職権行使の独立が保障され、身分も保障されているということは、その責任が重大であることも意味する。

そんな重大な責任を負っている裁判官はどういう人なのだろう?

裁判官は、司法試験に合格し、司法修習を経た上でなる人がほとんどだ(キャリア裁判官と呼ばれる)。裁判官は、司法試験に合格すれば、必ずなれるとは限らない。司法試験や司法修習で、優秀な成績を修めることが必要だ。

そこで、裁判官には、頭がよく、真面目な人が多くなる。性格は温厚で、穏やかな人が多いという印象だ。

ただ、裁判というのは、法だけではなく、人に対する理解も必要なことから、裁判官には、研修所を優秀な成績で卒業し、そのまま裁判所で仕事をしてきた人だけではなく、多様な人材がいた方がいい。そこで、弁護士を一定年度経験した人から、裁判官に任命するという制度「**弁護士任官**《べんごしにんかん》」というものもある。

当事者から直接相談を受け、具体的な事件を解決してきた弁護士の経験は、裁判官の仕事にも活きるだろう。

刑事裁判については、裁判員裁判によって、裁判官も裁判員の多様な考え方に触れてよい刺激を受けているそうだ。多様な実務経験を積んだ弁護士が裁判官になれば、キャリア裁判官と刺激を受け合うことだろう。この意味でも「弁護士任官」というのはいい制度だと思う。

(3) 裁判官のやりがい、苦労

裁判官は、ときに被告人や訴訟当事者の人生を左右する判断をするというのは、やりがいであるとともに、間違った判断をしてはいけないという重圧と苦労も背負うことになるだろう。

法と証拠に基づいて、自らのよしとするところに従って、判断をするというのは、裁判官の醍醐味だ。自らの判断によって、紛争の解決が図られ、正義が実現することになるのだ。

ただ、その半面、間違った判断をしてはいけないというプレッシャーは相当なものだろう。そのために、法律について日々勉強するとともに、当事者の言い分にしっかり耳を傾け、証拠を読み込む必要もある。正しい解決をめざして、裁判官は、判決を書くために、休日なしに働くこともあるそうだ。どのような判決にするのか悩んで夜も眠れないこともあるらしい。大変な仕事なんだね。

裁判所では、裁判官の他に、裁判所書記官、裁判所事務官等が、仕事をしていて、裁判官が適正迅速な裁判ができるようにサポートしている。

第8章

法的なものの見方・考え方を身につけよう！

〜大人の知的技能

主張と理由は、セットだと思っておこう。

自分がそうしたいからそうだと言われても、相手にはピンとこない。その主張を支える理由、そしてそれが納得のいく理由をつけると、その主張は通りやすくなるよ。

1　主張（意見）に理由をつける

クラス会で、何かを決めるとき、君は主張（意見）を言うこともあるだろう。

また誰かに何かをしてほしいときに、〇〇してほしいと言うこともあるだろう。

単に、これがいい、こうしてほしいと言うことで、その意見が通ることもあるが、そうならないことも多い。特に、相手が反対の意見を持っていたりする場合には、意見を言うだけでは、相手も周りの人も納得してくれない。

そういうときは、「なぜなら、〇〇だから」という理由をつける。

例えば、クラスの文化祭の出し物を、お化け屋敷にしたいと言うならば、「お化け屋敷にしよう。なぜなら、昨年やったお化け屋敷の来場者数が２００人を超えて盛況だったからだ」という感じだ。

主張と理由は、セットだと思っておこう。

「私は〇〇と考える。なぜなら、〇〇だからだ」という型を、意識して、相手に伝えよう。

自分がそうしたいからそうだと言われても、相手にはピンとこない。その主張を支える理由、そしてそれが納得のいく理由をつけると、その主張は通りやすくなるよ。

理由B→主張A

理由となるには、「BならばA」という関係が成り立つことが必要だ。

BならばAという関係は、多くの人が「確かにそうだよな」と思えるもの、つまりBが主張Aを支える合理的な理由であると、その説得力は強くなっていく。だから、「確かにそうだよな」と思える理由をつけられないか考えてみよう。

2　事実と意見を分ける

意見（主張）には、理由、そしてその理由もできる限り「確かにそうだよな」という合理的理由をつけるといいということだった。

理由には、事実を使う。「〇〇ということがあった」「〇〇という統計データがある」といった事実を理由とするのだ。「自分がこう思っている」という意見は説得的な理由にはならない。

「事実」というのは、実際に起こった事柄や実際に存在する事柄だ。誰でも確かめられることでもある。**客観的な存在だ。**

「平成23年3月11日に東日本大震災が起きた」というのは事実だ。

「意見」というのは、その人が物事や判断に対して持つ考えのことだ。その人がそう考えているという**主観的なもの**だ。

Aさんが、「Bさんは、優しい」と言ったならば、これは、AさんがBさんのことをそのように思っているという意見だ。Cさんは、Bさんのことを「優しくない。怖い」と思っているかも知れない。

「Bさんは背が高い」これも、そう言っている人の意見だ。意見には、その人の「評価」が前提にある。別の人から見ると「Bさんは背が低い」と思うかも知れない。

「Bさんの身長は１８０㎝だ」というのは事実だ。

Bさんの背が高いということを言うためには、Bさんの身長が１８０㎝あるという事実を指摘することが説得的だ。

事実は客観的なもの、あるかないかだから、その事実に推認力（わかっている事柄をもとに推測し認定する力）があれば、結論を導くことができる。他の事実とあわせて、推認力を増して結論を導くこともある。

他方で、意見は「その人がそう考えている」という主観的なことであって、説得的な理由にはなりにくい。

人の話や文章には、事実と意見が混在している。意見は、単にその人がそう考えているということであって、それを事実として受け止めないようにすることが必要だ。

その人の意見が、本当にそうなのか、理由があるのかについては、「事実」を取り出して、検討する姿勢が必要だ。

A君が言った。

「B君は、冷たいやつだ。B君に1000円貸してほしいといったら、貸してくれなかった。だからB君はケチで冷たいやつだ」

B君は冷たいやつだ。というのは、A君の単なる意見だ。

「A君がB君に貸してほしいと言ったこと、それに対してB君がお金を貸さなかったこと」これは事実だ。

A君の話を聞いて、すぐにA君の言うように、「B君はケチで冷たい」と、判断してはダメだ。事実としては「A君がB君に貸して欲しいと言ったこと、それに対してB君がお金を貸さなかったこと」だ。

だから、その事実が本当にあったかを確認した上で、A君の「B君はケチで冷たいやつ」という意見が正しいのかを検討する。

B君がA君に1000円を貸さなかったのが事実として、B君がケチで冷たいという結論になるとは限らない。実は以前にA君がB君にお金を借りて返さなかったのかも知れない。B君の信条として、友達にお金は貸さないようにしているのかも知れない。B君に単に持ち合わせがなかったからかも知れない。

ありがちなのは、A君の単なる意見である「B君はケチで冷たい」が事実であるかのように思ってしまうことだ。

冷静に物事を見るためには、「事実」と「意見」を区別し、単なる「意見」を事実と思い込まないようにする必要がある。客観的な事実を明らかにしながら、その事実をもとに、合理的な推認を行って、誰が言っている「意見」が正しいものかを判断しようとすることが必要なんだ。

私たちは、ついつい、言っている人の意見に引きずられて、同じ判断をしてしまいがちになる。特に、「偉い人」「有名な人」「尊敬している人」「多くの人」が言っている意見は、事実だと思ってしまう。

しかし、それでは、物事をきちんと判断できない。意見の前提となる事実を見極めて、その事実が本当にあったのか、その事実から、その人が言っている結論が本当に導かれるのかを検討する姿勢が大切なんだ。

3　事実の中で、どういう事実が重要になるかを見極める

「事実」と「意見」を区別することが重要だが、その「事実」の中でも、いろいろな事実があり、その事実の中から、結論を導く上で重要な事実を選び出すことも大切だ。

裁判官や弁護士の頭の中では、紛争を解決するにあたって、

・どういう権利が問題になっているのか
・その権利を発生する要件となる事実は何か
・その要件事実を推認させる証拠や事実は何か

を意識している。

これらを意識するためには、法律の知識が必要で、そう簡単に身につけることはできないが、考え方の枠組みは、活用できるだろう。

何かを判断しなければならないとき、そのために**ポイントとなる重要な事実は何か**を意識する。主張（意見）を言うときには、その意見を、強く推認させる事実を選んで、理由付けとして活用するのだ。

事実には、結論を推認させる事実とそうでない事実があり、推認させる事実にも、推認力には強弱があるということだ。

主張（結論）

↑

推認させる事実
- 強い推認力ある事実
- そうでもない事実

関係のない事実

4　事実については、裏付ける証拠がないかを確認する

事実と意見を分けて、事実を取り出した後、その事実が、本当にあったのかを裏付ける証拠を確認する癖をつけよう。

先の例で、「B君に1000円貸してほしいと言ったこと。そしてB君が断ったこと」が事実だが、本当にそういう事実があったかはわからない。A君が嘘を言ったり、勘違いしている可能性もあるからだ。B君にそのようなやりとりがあったかを確認する必要があるだろう。B君に聞いてみて、確かにそのようなやりとりがあったというのであれば、「B君に1000円貸して欲しいと言ったこと。そしてB君が断ったこと」は事実として認定してよい。

B君が、そのようなやりとりはなかったと否定した場合には、A君の方で、そのようなやりとりを裏付ける証拠を出さない限り、事実として認定することはできない。事実が認定できなければ、そもそも「ケチで冷たい」と主張する理由にもならない。

事実←事実があることを裏付ける証拠

例）CがDに対して、100万円を貸した。

↑DがCから100万円を借りたという借用書

紛争になっているときに、当事者の間で、ある事実があったかなかったかが、問題になることがよくある。例えば「お金を貸した。貸していない」「BがAを殴った。殴ったことはない」等だ。

裁判官にとって、判決をする前提として、事実認定するというのが、重要な作業になっていることが多い。争いになっている場合には、証拠によって、その事実が認定できるかを判断することになる。

5　論理的思考とは？

法的なものの見方・考え方の要素として、論理的に物事を考えるということがある。相手や裁判官に納得してもらうには、論理的でなければならない。そもそも「論理的」ってどういうことだろう？

論理的というのは、筋道が通っているということだ。「AならばB、BならばC」「A→B→C」と物事の関係がつながっていることだ。

論理的であるとは、物事の関係がしっかりしていること、議論の中では、主張と根拠との関係がしっかりしていることを意味する。

そのために、主張（意見）、根拠（事実）、事実からの推論をおさえることが重要だ。

すなわち、①「主張は何だろう？」②「その根拠は何だろう？」③「主張と根拠はちゃんとつながっているのかな？」をおさえるのだ。

① 主張 ← ③ 推論 ← ② 根拠事実

この問いかけを、意識的に行って検証し答えを出すことで、論理的な思考がみがかれる。

例を挙げよう。商店街の自転車乗り入れを全面禁止にするか否かについて、商店街で話し合いが持たれた。

Aさんはこう訴える。

「私は、今回、通学途中の高校生に自転車でぶつけられて骨折をし、とてもつらい思いをしました。これは商店街の中で自転車が走っているのがいけないのです。商店街に自転車が走っていると、これからも不安でたまりません。安全のために、商店街内の自転車乗り入れを全面禁止にしてください」

この中で、①主張、②根拠事実、③推論を抽出するとどうなるだろうか。
①Aさんの主張は何だろう？
↓「商店街内の自転車乗り入れを全面禁止にしてください」ということだね。
②では、その根拠事実は何だろうか？

↓それは、Aさんが、商店街内で走っていた自転車にぶつけられて、ケガ（骨折）をした
　という事実だ。
③そして、その事実から
「自転車が商店街内を走るとまた誰かがぶつけられてケガするかもしれない」という推論を
立てて、安全のために自転車乗り入れを全面禁止にすべきという主張となる。
　この例では、主張と根拠事実とは、つながっている。
主張には理由が伴わなければならない。相手と対立する主張を言う場合には特にそうだ。
理由は、通常、「根拠となる事実」と「事実から主張が導かれるという推論」を要素とし
ている。
　主張が説得力を持っていることとは、理由がしっかりしていること、それはすなわち根拠と
なる事実から主張へのつながり（推認力）が強い場合だ。
　論理的であるとは、①主張、②根拠事実、③推論（根拠と主張のつながり）を意識して、
考え、表現することだ。
　この考え方を身につけておくと、相手の話を理解しようとするときや自分の伝えたいこと
を相手に伝えようとするときに、説得力を持って、わかりやすく伝えることができるだろう。

おわりに ― 大人の皆さまに向けて

「個人の尊重」―何かを大切に思う気持ちに違いはないこと

本書を、最後まで読んでいただき、ありがとうございました。

本書は、子どもたちがワクワクしながら法の考え方の基礎を学べ、他者と協調しながら、自分の頭で考え、判断することができるようになる「法教育」の本を目指しています。

私が弁護士として法教育活動に携わるようになってから、すでに16年以上になりました。

法教育とは、一般市民、主に子どもを対象として、正義や公平といった法の原理原則をふまえ、法的なものの見方・考え方ができ、主権者として民主主義社会に参画できるような自立した個人の育成を目指す教育です。

私が考える法教育の目標を一言で言えば、憲法が最高の価値をおく「個人の尊重」の理念を子どもたちの心に浸透させていくことです。

「個人の尊重」とは、一人ひとりをかけがえのない存在として大切にするということです。一人ひとりをかけがえのない存在として大切にするということは、人を人として大切にするということであり、誰もが、国家や力の強い者、多数者から、何かの目的のための道具や手段、モノ扱いをされないということです。

「一人ひとり」には、他者のみならず、自分も含まれます。だから自分も大切にし、他者も大切にするということです。一人ひとりの人、誰もがこの世に意味があって生まれてきています。いいかげんに扱われてよい命なんてどこにもありません。どの命も大切な命です。そして、誰もが、一人の人間として、自由に自分の幸せを求めて生きていけることが保障されなければなりません。

ところが、実際のところ、日本の現代社会においては、自由に自分らしく生きることは、なかなか難しいのではないでしょうか。憲法が保障する「幸福追求権」が、きちんと保障されているとは言い難いのではないでしょうか。競争社会で、いつも人と比べられて、人に勝たなければいけない、人より優位に立たなければいけないと追い立てられているようです。また、多様な価値観を受け入れることがなかなかできずに、自分とは異なる考え方の人や少数派の人々への理解が不足しているように感じます。

私は、幸せの前提は、人として大切に扱われることであり、人と争わずに温かくつながることだと思います。その上で、自分が自分らしく自由に生きるということです。きっと誰もが、人として大切に扱われたい、そしてできることならば、人とは争わずに温かくつながりたいと思っているのではないでしょうか。そして、型にはめられた幸せではなく、自分らしく自由に生きてみたいと心の底では誰もが思っているのではないでしょうか。

人は、誰かから、人として大切にされず、モノや何かの道具・手段として軽く扱われたとき、深く心を痛めるものです。また、自分の意見を全く聞いてもらえず、無視され、一方的に何かを押しつけられたとき、哀しみや怒りを感じます。そして、自分をモノとして扱った国家や集団、誰かを恨んだり、反発したり、攻撃したりしてしまいます。そういったことが蔓延するとギスギスしたかわいた社会になるでしょう。そうなると攻撃的で、不寛容で、些細なことでお互いに責め合う社会になってしまうのではないでしょうか。

逆に、誰かから、人として、自分のありのままの存在を大切にされたとき、人は、とても深い喜びを感じます。大切にしてくれた人のことは、きっと自分も大切にしようと思い、信頼もするでしょう。お互いがお互いを人として大切にする社会は、信頼を基底にする社会であり、他者という存在は、攻撃したり、利用したりする対象ではなく助け合うもの、支え合う対象として捉えられ、優しく寛容な社会になるのではないでしょうか。

信頼と寛容をベースにする社会、自分も他者も人として大切にする社会になるためには一体どうすればいいのでしょうか。

まずは当然のことながら「人を人として大切にする」という意識を一人ひとりに浸透させることが重要です。人を何かの手段や道具にしてはならないことを伝えることが必要です。そしてさらに、それを実践するためには、次の二つのことを押さえておく必要があると思います。

一つは、人はそれぞれ違っているということです。誰もが生まれたときから違っています。誰一人としてこの世に同じ人はいません。誰もが違って、この世に唯一のかけがえのない人なのです。生まれてきた環境、何が好きか、何が得意なのか、何を大切にしているのかは、人それぞれです。みんな違っています。

それからもう一つは、人は誰もが「自分フィルター」を通して世の中を見ているということです。自分は、どんなに客観的に物事を見ていると思っていても、それはあくまで自分が選んだ情報をもとに、自分の価値観を通して、事実を認識し評価しているのです。あくまで自分個人の「主観的な」ものの見方・考え方であり、自分は「間違っているかも知れない」ということをふまえておかなければなりません。

ところが、つい人は、自分が思っているように相手も思うべきだ、自分は正しい、間違っているのは相手の方だと思ってしまいがちになります。自分中心に物事を考えてしまいがちなのです。

特に、自分の考え方が多数派である場合には、自分達の考えとは違う少数派の考え方については、「異質だ」「変わっている」と思って、なかなか理解できないものです。

それぞれが「自分が正しい。相手が間違っている」と一度思いこんでしまうと、ぶつかり合って、反発し合い、共に同じ社会で暮らしていくことは難しくなってしまうでしょう。

ですから、「人はそれぞれ違っていること」そして「人は物事を自分フィルターを通して見ていること」、この二つのことをまず押さえておかないと「人を人として大切にする」ということは、困難なことではないかなと思っています。

そして、これは、普段暮らしていく中では、なかなか会得しにくいものです。だからこそ体験的な「教育」によって伝えていく必要があるのです。人を人として大切にするために大切なことは、自分の考えを絶対視せず、他者の意見を鵜呑みにすることなく、常に自分の頭で考え続けるということです。政府やメディアが言っているからといって鵜呑みにはしないこと、思考停止しないことです。参考にはしても、自分の頭で「それは本当にそうなのかな？」と考え続けなければ、情報を提供する側が意図するまま、考え方を操作されることにもなりかねません。

他方で、弱い立場の人、少数の人、自分とは正反対の他者の意見や価値観も尊重するということです。尊重するとは、自分と考え方や価値観の違う誰かの意見を、排斥したり、無視したり、自分の考えを押しつけたりすることなく、受けとめるということです。

では、自分とは異なる価値観や考え方を受けとめるために必要なことは何でしょうか？

二つあると思います。

一つは「想像力」です。相手が大切にしているものを知ろうと想像することです。自分とは違う考え方の人がいるということ、自分の考えだけが絶対ではないということをふまえて、相手の立場に立って考え、相手にも大切に思っている何かがあるということを想像することです。

二つめは、しっかりと相手の意見に耳を傾けることです。対話を通じてお互いの考えをよく知り合うということです。

法教育授業では、人はみな違っていること、自分の考えとは違う考え方があること、そして違う考え方の人の立場を想像することが大切であるということを体感してもらうために、様々な価値観がぶつかり、はっきりとした正解がないような問題を、生徒さんに考えてもらいます。そして、自分以外のいろいろな意見を聞いた上で、自分なりに考えた意見を発言してもらいます。

私が所属する仙台弁護士会では、平成16年から毎年夏に中高生対象にジュニアロースクールを実施していますが、以前、高校生を対象にした法教育授業で、エホバの証人信徒輸血拒否事件（最高裁平成12年2月29日判決）を題材としました。

信教上の理由から輸血をしないでと頼んでいた患者と患者の命を救うために輸血に踏みきった医者といった当事者役が登場し、生徒さんに、自らの主張や心情を訴えてもらいます。

生徒さんは、当事者役の主張をよく聞いてもらって、患者から医者への慰謝料請求が認められるかを生徒さん同士で討論し、考えてもらいました。患者、医者、それぞれの立場があり、価値観があり、意見があります。その当事者役の声を生徒さんに聞いてもらって、それぞれの立場があること、それぞれの価値観があること、それぞれ大切にしているものがあるということを体感してもらい、その上で、生徒さん自身に考えてもらいました。裁判官でも判断が分かれた正解のない問題を考えてもらいました。

人は、往々にして自分の価値観を中心に、物事を判断していくものであり、自分と違う価値観についてはなかなか理解できないことも感じてもらいました。

自分と違う価値観は、その人の意見をしっかり聞くこと、そしてその人の価値観を意識して想像してみなければわからないものです。

患者さんは、命を助けてもらったのに医者を訴えたという事例であり生徒さんにとっても理解しにくいものだったようです。命より信仰を大切にするなんて、よくわからない。医者に命を助けてもらったのに、輸血しないことにこだわって命の恩人のお医者さんを裁判で訴えるなんて、一体どうして？

でも、患者さんの、「輸血を絶対にしないでほしい」という言葉の背景には、患者さんにとっては、自分が人として生きる上でとても大切にしているものがあるわけです。命と同じくらい、ときには、命以上に大切に思っているものもあるのです。

自分と違う価値観、特に相手の考えが少数なものであったとき、その価値観の存在を受け入れることは、本当に難しいものです。想像力を一生懸命働かせる必要があります。相手の言葉に意識的に耳を傾け、わかろうと努力する必要があるのです。

この授業を担当した弁護士は、授業の終わりにこう締めくくりました。

「その人の判断を尊重するというのは簡単ですが、しかもそれだけ聞くとそのとおり実行するのも簡単なように感じてしまいますが、その判断が、自分の価値観とはかけ離れたものであったり、自分の価値観と衝突するようなものであったりすると、人は、なかなか、その価値観や考えを尊重してあげようという気分にはなれないものです。

でも、自分にはその考え方は理解できなくても、自分に大切にしている価値観や信念があるのと同じように、その人にとってはその価値観や考え方が大切なのだということ、自分と相手の大切にしているものの中身が全く違っていたとしても、何かを大切に思う気持ちに違いはないのだということがわかれば、異なる個性、異なる価値観を持った人達が、互いに傷つけ合うことなく、一緒に生きていけるのではないかと思います」

そうです。人はそれぞれ違っていても「何かを大切に思う気持ちに違いはない」のです。

憲法を頂点とする一連の法は、いろいろな価値観、考え方の人がいる中で、人々が共に幸せに生きることを目指すものです。共に幸せに生きることを実現するためには、人がお互いに傷つけ合うことや争いごとを減らすことです。そして、「何かを大切に思う気持ちに違いはない」ということが、一人ひとりの心の中に落とし込めたならば、将来、今より、きっと争いごとは減り、いがみ合わず人は人の中で自由に自分らしく幸せに生きることができるのだろうと思います。

「一人ひとりをかけがえのない存在として大切にする社会」、それは、すなわち憲法がうたう「個人の尊重」が人々の心に根付いた社会です。そんな温かな社会になっていくといいと思っています。

最後になりましたが、本書を出すにあたって、多くの方々のご協力をいただきました。この場を借りて御礼申し上げます。ありがとうございました。

令和二年1月

弁護士　神坪浩喜

神坪浩喜（かみつぼ　ひろき）

弁護士（仙台弁護士会所属）／あやめ法律事務所所長
日弁連市民のための法教育委員会委員、仙台弁護士会法教育検討特別委員会委員。
1968年北九州市生まれ。東北大学法学部卒。
法の基礎知識、法的なものの見方・考え方を子どものうちから身につけておくことが、社会で他者と共生しながら自分らしく生きるためには必要と考え、法教育の活動を長年にわたって行う。著書に「弁護士がここまで教える　よくわかる離婚調停の本」（同文舘出版）、「セクハラ・パワハラは解決できる！　～民事調停という選択肢～」（労働調査会）等がある。

18歳《さい》までに知《し》っておきたい法《ほう》のはなし

2020年 1月 1日　初版第1刷
2022年 3月 26日　初版第4刷

著　者　神坪浩喜
発行人　松崎義行
発　行　みらいパブリッシング
〒166-0003 東京都杉並区高円寺南 4-26-12 福丸ビル6F
TEL 03-5913-8611　FAX 03-5913-8011
編　集　谷 郁雄
ブックデザイン　池田麻理子
イラスト　山口クミコ
発　売　星雲社（共同出版社・流通責任出版社）
〒112-0005 東京都文京区水道 1-3-30
TEL 03-3868-3275　FAX 03-3868-6588
印刷・製本　株式会社上野印刷所

ISBN978-4-434-26923-3 C0037